LA CAUSE DE DANIEL

ISBN-13: 978-2955502310

@ 2015, Mukolonga Nanou

Aucun extrait de cette publication ne peut être reproduit, ni transmis sous une forme quelconque, que ce soit par des moyens électroniques ou mécaniques, y compris la photocopie, l'enregistrement ou tout stockage ou report de données sans la permission écrite de l'éditeur.

Sauf indications contraires, les textes cités sont tirés de la Nouvelle Bible Louis Segond et de la Bible du Semeur.

Ce livre a été publié avec le concours de
« Kindle Direct Publishing (KDP) et Amazon.com »

Kindle Direct Publishing (KDP) et Amazon.fr déclinent toute responsabilité concernant d'éventuelles erreurs, aussi bien typographiques que grammaticales, et ne sont pas forcément en accord avec certains détails du contenu des livres publiés sous cette forme.

Dépôt légal : 4e trimestre 2015.

Imprimé en France.

Nanou Mukolonga

E-mail. estherimpactm@gmail.com

www.estherimpact.blogspot.fr

Remerciements

À ma mère
À mes mentors
Aux intercesseurs prophétiques qui m'ont été divinement assignés

Ce livre est dédié aux visionnaires et aux faiseurs de paix

Pour des temps comme celui-ci !

Table des Matières

CHAPITRE 1 : Portrait   Page 6

CHAPITRE 2 : Cause   Page 36

CHAPITRE 3 : De cause à effet   Page 99

CHAPITRE 1 : Portrait

Daniel est un nom masculin qui signifie en hébreu : « Jugement divin » ou « Dieu est mon juge ».

Dans la bible, Daniel fait partie des livres prophétiques. Il est placé juste après celui du prophète Ézéchiel et avant celui du prophète Osée.

Daniel, l'auteur du livre, est reconnu par les enseignants bibliques, comme étant l'un des grands prophètes de l'Ancien Testament et de la Bible hébraïque.

Daniel fait partie des prophètes qui ont annoncé la venue du Messie, ensemble avec Esaïe, Jérémie et Ézéchiel.

Mais avant d'être prophète, Daniel fut d'abord un adolescent, pris dans l'étau des événements historiques qui affectèrent le peuple juif.

Le premier chapitre du livre de Daniel commence avec le récit de sa déportation à Babylone.

Contrairement à Esther, dont la Bible relate l'histoire familiale (orpheline adoptée par son oncle Mardochée), nous ne trouvons aucune information biblique sur la famille de Daniel.

De qui était-il le fils ? Où se trouvaient ses parents au moment de la déportation ? Avait-t-il des frères et des sœurs ?

Ces éléments permettent de dresser un meilleur portrait psychologique de la personne concernée.

La bible nous dit seulement, qu'il était encore un adolescent lorsqu'il arriva à Babylone, parmi les déportés.

Nous savons du moins, à quelle époque il fut déporté : durant la troisième année du règne de Jojakim qui s'appelait auparavant Eliakim, fils de Josias et de Zebudda.

Le livre de 2 Rois 23 relate l'histoire du couronnement de Jojakim comme roi de Juda, à l'âge de vingt-cinq ans. Jojakim ne servit pas correctement la cause de son peuple, il fit ce qui est mal aux yeux de l'Éternel.

Jérémie prophétisa sur l'intronisation de Jojakim comme roi à la place de son père, mais également sur la captivité du roi et des habitants de Juda par Nebucadnetsar, roi de Babylone[1].

---

[1] Jérémie 22 : 1 - 30

Nous savons que Daniel était issu d'une famille noble de la tribu de Juda.

Nous connaissons également les frères d'armes de Daniel, ses compagnons hébreux :

Hanania qui fut nommé Schadrac par le chef des eunuques à Babylone, Mischaël qui devint Méschac, et Azaria qui devint Abed-Nego.

L'apparence physique et les traits de personnalité de Daniel :

- beau
- sans défaut corporel
- physiquement apte
- sage
- intelligent
- humble
- de nature calme et sereine
- bon communicateur
- bon diplomate (négociateur)

[2]« *Le roi donna l'ordre à Aschpenaz, chef de ses eunuques, d'amener quelques-uns des enfants d'Israël de race royale ou de famille noble, de jeunes garçons sans défaut corporel, beaux de figure, doués de sagesse, d'intelligence et d'instruction, capables de servir dans le palais du roi, et à qui l'on enseignerait les*

---

[2] Daniel 1 : 3 – 7 version LSG

lettres et la langue des Chaldéens. Le roi leur assigna pour chaque jour une portion des mets de sa table et du vin dont il buvait, voulant les élever pendant trois années, au bout desquelles ils seraient au service du roi. Il y avait parmi eux, d'entre les enfants de Juda, Daniel, Hanania, Mischaël et Azaria. Le chef des eunuques leur donna des noms, à Daniel celui de Beltschatsar, à Hanania celui de Schadrac, à Mischaël celui de Méschac, et à Azaria celui d'Abed-Nego».

Dieu accorda à ces quatre jeunes gens de la science, de l'intelligence dans toutes les lettres, et de la sagesse; et Daniel expliquait toutes les visions et tous les songes.

Daniel semblait très mûr pour son âge, car dans cet environnement étranger et intimidant, il refusa de se conformer aux us et coutumes de ceux qui étaient devenus leurs maîtres.

Il fit également preuve de beaucoup courage et de fidélité à Dieu.

Daniel marchait déjà avec Dieu dans sa jeunesse, il avait une alliance avec l'Éternel. Il avait une telle assurance en Dieu, que ce dernier n'hésitait pas à justifier ses paroles et à valider ses actions face à ceux qui doutaient.

Daniel avait déjà la fibre prophétique en lui, car il expliquait les visions et les songes.

Cela signifie qu'il a eu des années de préparation et d'entraînement prophétique à Juda, où il avait vécu avant d'être déporté à Babylone.

Sûrement, que c'est un jeune homme qui avait su s'entourer de bons amis.

C'était le genre de jeune homme dont la maturité, démontrait qu'il avait fréquenté des personnes plus âgées que lui, et qu'il avait appris d'elles beaucoup de choses.

Je suppose qu'il s'était assis aux pieds des prophètes de sa contrée, et connaissait l'importance de la loyauté envers Dieu, quelques soient les circonstances dans lesquelles il se trouve.

Raison pour laquelle, il refusa de manger les mets délicieux de la table du roi.

Il n'était pas impressionné par le luxe, ni par les positions privilégiées ou les avantages de l'accès au milieu des grands.

Daniel était concentré sur la tâche à accomplir.

Il aimait aussi passer beaucoup de temps dans la présence de Dieu.

Ce qui explique pourquoi l'interprétation des visions et des songes était si facile pour lui.

Daniel avait été habitué aux symbolismes spirituels en étudiant la parole de Dieu (les livres des autres grands prophètes, dont il fait mention dans sa prière au chapitre 9) et en cultivant une grande intimité avec Dieu.

Hanania, Mischaël et Azaria agissaient de la même façon que Daniel, car ils avaient le même esprit, ils portaient en eux la même vision et défendaient la même cause que Daniel.

Mais comme pour toute organisation humaine, et dans les associations d'amis, où il y a toujours un leader (une personne qui se met en avant et prend les décisions au nom du groupe), Daniel fut cette personne-là dans son cercle d'amis, un leader.

Ce jeune garçon mit toute sa confiance en Dieu.

Dieu également avait tellement confiance en Daniel que cela se reflétait sur sa vie.

La faveur et la grâce de Dieu l'accompagnaient ¨partout où il allait.

Son sens de leadership se manifesta dès le départ.

Son charisme naturel attira la faveur du chef des eunuques.

« *Daniel résolut de ne pas se souiller par les mets du roi et par le vin dont le roi buvait, et il pria le chef des eunuques de ne pas l'obliger à se souiller.*

Dieu fit trouver à Daniel faveur et grâce devant le chef des eunuques. Le chef des eunuques dit à Daniel : je crains mon seigneur le roi, qui a fixé ce que vous devez manger et boire; car pourquoi verrait-il votre visage plus abattu que celui des jeunes gens de votre âge? Vous exposeriez ma tête auprès du roi. Alors Daniel dit à l'intendant à qui le chef des eunuques avait remis la surveillance de Daniel, de Hanania, de Mischaël et d'Azaria : éprouve tes serviteurs pendant dix jours, et qu'on nous donne des légumes à manger et de l'eau à boire; tu regarderas ensuite notre visage et celui des jeunes gens qui mangent les mets du roi, et tu agiras avec tes serviteurs d'après ce que tu auras vu. Il leur accorda ce qu'ils demandaient, et les éprouva pendant dix jours. Au bout de dix jours, ils avaient meilleur visage et plus d'embonpoint que tous les jeunes gens qui mangeaient les mets du roi. L'intendant emportait les mets et le vin qui leur étaient destinés, et il leur donnait des légumes ».

Daniel était différent de tous les autres, il sortait du lot.

La bonne réputation de Daniel lui fit gagner la confiance du roi Nabuchodonosor.

Daniel fut promus aux fonctions de conseiller spécial dans la cour du premier roi, et d'interprète des songes.

Autrement dit, Daniel était une personnalité très stratégique dans le cercle monarchique babylonien de l'époque.

Plusieurs rois défilèrent sur le trône de Babylone, mais aucun ne mit Daniel de côté. Daniel était constant dans l'exercice de ses fonctions, diligent et compétent.

Le roi Belschatsar était satisfait par les performances du Dieu de Daniel.

Daniel fut également sollicité par le roi mède Darius.

[3]« *Et moi la première année de Darius, le Mède, j'étais auprès de lui pour l'aider et le soutenir* ».

Même si cela créa la jalousie des autres conseillers du roi (astrologues et devins) qui le firent jeter dans la fosse aux lions, Daniel prouva à ces derniers qu'il appartenait à une tribu prophétique puissante, celle du Roi des rois, de celui qui ferme la gueule des lions.

Le lion de la tribu de Juda, Jésus - Christ, a vaincu la mort.

---

[3] Daniel 11 : 1 version LSG

[4]« *Au terme fixé par le roi pour qu'on les lui amenât, le chef des eunuques les présenta à Nebucadnetsar. Le roi s'entretint avec eux; et, parmi tous ces jeunes gens, il ne s'en trouva aucun comme Daniel, Hanania, Mischaël et Azaria. Ils furent donc admis au service du roi. Sur tous les objets qui réclamaient de la sagesse et de l'intelligence, et sur lesquels le roi les interrogeait, il les trouvait dix fois supérieurs à tous les magiciens et astrologues qui étaient dans tout son royaume. Ainsi fut Daniel jusqu'à la première année du roi Cyrus* ».

La supériorité d'esprit de Daniel

La bible décrit Daniel en disant qu'il avait en lui un esprit supérieur.

[5]« *Daniel surpassait les chefs et les satrapes, parce qu'il y avait en lui un esprit supérieur; et le roi pensait à l'établir sur tout le royaume* ».

[6]« *La reine, à cause des paroles du roi et de ses grands, entra dans la salle du festin, et prit ainsi la parole: ô roi, vis éternellement ! Que tes pensées ne te troublent pas, et que ton visage ne change pas de*

---

[4] Daniel 1 : 18 – 20 version LSG
[5] Daniel 6 : 3 version LSG
[6] Daniel 5 : 10 – 16 version LSG

couleur ! Il y a dans ton royaume un homme qui a en lui l'esprit des dieux saints; et du temps de ton père, on trouva chez lui des lumières, de l'intelligence, et une sagesse semblable à la sagesse des dieux. Aussi le roi Nebucadnetsar, ton père, le roi, ton père, l'établit chef des magiciens, des astrologues, des Chaldéens, des devins, parce qu'on trouva chez lui, chez Daniel, nommé par le roi Beltschatsar, un esprit supérieur, de la science et de l'intelligence, la faculté d'interpréter les songes, d'expliquer les énigmes, et de résoudre les questions difficiles. Que Daniel soit donc appelé, et il donnera l'explication. Alors Daniel fut introduit devant le roi. Le roi prit la parole et dit à Daniel: Es-tu ce Daniel, l'un des captifs de Juda, que le roi, mon père, a amenés de Juda? J'ai appris sur ton compte que tu as en toi l'esprit des dieux, et qu'on trouve chez toi des lumières, de l'intelligence, et une sagesse extraordinaire. On vient d'amener devant moi les sages et les astrologues, afin qu'ils lussent cette écriture et m'en donnassent l'explication; mais ils n'ont pas pu donner l'explication des mots. J'ai appris que tu peux donner des explications et résoudre des questions difficiles; maintenant, si tu peux lire cette écriture et m'en donner l'explication, tu seras revêtu de pourpre, tu porteras un collier d'or à ton cou, et tu auras la troisième place dans le gouvernement du royaume ».

L'honnêteté prophétique, l'humilité et l'attitude de contentement de Daniel :

Daniel avait un esprit supérieur, mais il ne voulait pas que le débat tourne autour de sa supériorité, il désirait plutôt que la gloire ne revienne qu'à Dieu seul.

[7]« *Quant à moi, ce n'est pas parce que je posséderais une sagesse supérieure à celle de tous les autres hommes que ce secret m'a été révélé, mais c'est afin que l'interprétation en soit donnée au roi et que tu comprennes ce qui préoccupe ton cœur* ».

Daniel était loyal envers Dieu. Il n'a pas considéré son accès auprès du roi, comme étant une occasion de se vanter, de s'accaparer des richesses et de mépriser les autres.

[8]« *Daniel répondit en présence du roi :*

Garde tes dons, et accorde à un autre tes présents ; je lirai néanmoins l'écriture au roi, et je lui en donnerai l'explication. Ô roi, le Dieu suprême avait donné à Nebucadnetsar, ton père, l'empire, la grandeur, la gloire et la magnificence; 19et à cause de la grandeur qu'il lui avait donnée, tous les peuples, les nations, les hommes de toutes langues étaient dans la crainte et tremblaient devant lui. Le roi faisait mourir ceux qu'il voulait, et il laissait la vie à ceux qu'il voulait; il élevait

---

[7] Daniel 2 : 30 version Semeur

[8] Daniel 5 : 17 – 30 version LSG

ceux qu'il voulait, et il abaissait ceux qu'il voulait. Mais lorsque son cœur s'éleva et que son esprit s'endurcit jusqu'à l'arrogance, il fut précipité de son trône royal et dépouillé de sa gloire; il fut chassé du milieu des enfants des hommes, son cœur devint semblable à celui des bêtes, et sa demeure fut avec les ânes sauvages; on lui donna comme aux bœufs de l'herbe à manger, et son corps fut trempé de la rosée du ciel, jusqu'à ce qu'il reconnût que le Dieu suprême domine sur le règne des hommes et qu'il le donne à qui il lui plaît.

Et toi, Belschatsar, son fils, tu n'as pas humilié ton cœur, quoique tu susses toutes ces choses. 23Tu t'es élevé contre le Seigneur des cieux; les vases de sa maison ont été apportés devant toi, et vous vous en êtes servis pour boire du vin, toi et tes grands, tes femmes et tes concubines; tu as loué les dieux d'argent, d'or, d'airain, de fer, de bois et de pierre, qui ne voient point, qui n'entendent point, et qui ne savent rien, et tu n'as pas glorifié le Dieu qui a dans sa main ton souffle et toutes tes voies. C'est pourquoi il a envoyé cette extrémité de main qui a tracé cette écriture.

Voici l'écriture qui a été tracée :
Compté, compté, pesé, et divisé.
Et voici l'explication de ces mots.

Compté : Dieu a compté ton règne, et y a mis fin. *Pesé :* tu as été pesé dans la balance, et tu as été trouvé léger. *Divisé :* ton royaume sera divisé, et donné aux Mèdes et aux Perses.

Aussitôt Belschatsar donna des ordres, et l'on revêtit Daniel de pourpre, on lui mit au cou un collier d'or, et on publia qu'il aurait la troisième place dans le gouvernement du royaume.

Cette même nuit, Belschatsar, roi des Chaldéens, fut tué. Et Darius, le Mède, s'empara du royaume, étant âgé de soixante-deux ans ».

En lisant ces quelques traits de la personnalité de Daniel, te reconnais-tu en lui ? Ou reconnais-tu un ami, une amie, un frère ou une sœur ?

Les leaders que Dieu élève et établit sur les autres doivent être humbles et honnêtes. Ils ne doivent, surtout pas, être cupides.

Plusieurs dirigeants, gouvernants, leaders dans différents domaines, ont été comptés, pesé par Dieu, et leur héritage divisé, remis entre les mains étrangères.

⁹« *L'homme de bien a pour héritiers les enfants de ses enfants, mais les richesses du pécheur sont réservées pour le juste* ».

Certains leaders, à qui Dieu a remis les rênes du pouvoir dans leurs pays, afin de servir leurs compatriotes, ont trahi la confiance du peuple.

Ils se sont compromis en signant des alliances dangereuses avec des étrangers, pour des gains temporaires.

Ils ont vendu les terres des autochtones, et introduit les ennemis parmi les populations.

Il leur faut un prophète au sang-froid, honnête, comme Daniel, pour leur dire la vérité en face.

Nous ne voulons plus de flatteurs.

Sauvons nos pays, sauvons nos nations ; au lieu de favoriser les caprices d'individus égoïstes.

¹⁰« *Tu mettras sur toi un roi que choisira l'Éternel, ton Dieu, ton Dieu, tu prendras un roi du milieu de tes frères, tu ne pourras pas te donner un étranger, qui ne soit pas ton frère* ».

---

⁹ Proverbes 13 : 22 version LSG

¹⁰ Deutéronome 17 : 15 version LSG

À propos du livre de Daniel :

[11]Le livre de Daniel, a été écrit en hébreu et en araméen, il décrit des événements se déroulant de la captivité du peuple juif à Babylone sous Nabuchodonosor II, le roi de Babylone entre 605 et 562 av. J.-C., jusqu'à l'époque séleucide sous Antiochos IV, entre 175 et 163 av. J.-C.

Le livre de Daniel est composé de douze chapitres au total.

Certains historiens et théologiens, notamment les juifs et les protestants, parlent de deux chapitres supplémentaires du livre de Daniel, qui auraient été omis des versions bibliques connues que nous utilisons. Ils appellent cela les apocryphes[12].

Les catholiques et les orthodoxes, pour leur part, affirment que ces versions inédites du livre de Daniel existent bel et bien, et ils font partie des deutérocanoniques[13].

---

[11] Source : Wikipédia : Bibliographie de Daniel, articles connexes et liens externes

[12] Apocryphe : tout écrit inspiré de Dieu qui ne fait pas partie du canon biblique juif et chrétien. C'est aussi un terme utilisé pour qualifier des écrits dont l'authenticité n'a pas été établie.

[13] Deutérocanonique : allusion faite aux livres de la Bible que les catholiques et les orthodoxes incluent dans l'ancien testament et qui ne font pas partie de la Bible hébraïque.

Je préfère, pour ma part, me limiter aux douze chapitres de Daniel, qui suffisent amplement pour décrire sa cause.

Les six premiers chapitres racontent l'histoire de Daniel à son arrivée à Babylone. Ce sont des textes à caractère historique.

Ici, nous découvrons Daniel dans toute sa splendeur d'interprète de songes et conseiller des rois babyloniens.

Daniel 4, version la Bible du Semeur (BDS)

« Moi, Nabuchodonosor, je vivais tranquille dans ma maison et je jouissais de la prospérité dans mon palais.

Une nuit, j'ai fait un rêve qui m'a rempli d'effroi; les pensées qui m'ont hanté sur mon lit et les visions de mon esprit m'ont épouvanté.

Alors j'ai ordonné de convoquer auprès de moi tous les sages de Babylone, pour qu'ils me donnent l'interprétation de mon rêve.

Les mages, les magiciens, les astrologues et les devins se sont présentés. Je leur ai exposé le rêve, mais ils n'ont pas pu m'en donner l'interprétation.

À la fin, s'est présenté devant moi Daniel, nommé aussi Beltchatsar, d'après le nom de mon dieu.

L'esprit des dieux saints réside en lui. Je lui ai raconté mon rêve et je lui ai dit :

Beltchatsar, chef des mages, je sais que l'esprit des dieux saints réside en toi, et qu'aucun mystère n'est trop difficile pour toi, écoute donc les visions que j'ai eues dans mon rêve et donne-m 'en l'interprétation.

Voici quelles étaient les visions de mon esprit pendant que j'étais couché sur mon lit : je regardais et voici ce que j'ai vu :

Au milieu de la terre se dressait un grand arbre, dont la hauteur était immense.

L'arbre grandit et devint vigoureux. Son sommet atteignait le ciel; et l'on pouvait le voir depuis les confins de la terre. Son feuillage était magnifique et ses fruits abondants.

*Il portait de la nourriture pour tout être vivant.
Les animaux sauvages venaient s'abriter à son ombre et les oiseaux se nichaient dans ses branches. Tous les êtres vivants se nourrissaient de ses produits. Pendant que je contemplais sur mon lit les visions de mon esprit, je vis apparaître un de ceux qui veillent, un saint qui descendait du ciel.*

Il cria d'une voix forte cet ordre :

Abattez l'arbre! Coupez ses branches ! Arrachez son feuillage et dispersez ses fruits, et que les animaux s'enfuient de dessous lui, que les oiseaux quittent ses branches ! Laissez cependant dans la terre la souche et ses racines, mais liez-les avec des chaînes, des chaînes de fer et de bronze au milieu de l'herbe des champs.

Qu'il soit trempé de la rosée du ciel, qu'il se nourrisse d'herbe avec les animaux.

Il perdra la raison et se comportera non comme un homme mais comme un animal, jusqu'à ce qu'aient passé sept temps. Cette sentence est un décret de ceux qui veillent; cette résolution est un ordre des saints, afin que tous les vivants sachent que le Très-Haut domine sur toute royauté humaine, qu'il accorde la royauté à qui il veut, et qu'il établit roi le plus insignifiant des hommes.

Tel est le rêve que j'ai eu, moi le roi Nabuchodonosor.

Quant à toi, Beltchatsar, donne-m' en l'interprétation puisque tous les sages de mon royaume s'en sont montrés incapables, mais toi, tu le peux, car l'esprit des dieux saints réside en toi.

Alors Daniel, nommé aussi Beltchatsar, demeura un moment interloqué: ses pensées l'effrayaient.

Le roi reprit et dit :

Beltchatsar, que le songe et son explication ne te troublent pas !

Mon Seigneur, répondit Beltchatsar, je souhaiterais que ce songe s'applique à tes ennemis, et sa signification à tes adversaires !

Tu as vu grandir et se développer un arbre dont la cime touchait le ciel et que l'on voyait de toute la terre.

Cet arbre au feuillage touffu et aux fruits abondants fournissait de la nourriture pour tous les êtres vivants. Les animaux sauvages venaient s'abriter sous lui et les oiseaux nichaient dans ses branches.

Cet arbre, ô roi, c'est toi! Car tu es devenu grand et puissant. Ta grandeur s'est accrue, elle atteint jusqu'au ciel et ta domination s'étend jusqu'aux confins de la terre.

Le roi a vu ensuite l'un de ceux qui veillent, un saint, descendre du ciel et crier : abattez l'arbre et détruisez-le! Laissez toutefois en terre la souche avec les racines, mais liez- les avec des chaînes de fer et de bronze dans l'herbe des champs, qu'il soit trempé de la rosée du ciel, et qu'il partage le sort des animaux sauvages jusqu'à ce que sept temps aient passé.

Voici ce que cela signifie, ô roi! Il s'agit là d'un décret du Très-Haut prononcé contre mon seigneur le roi.

On te chassera du milieu des humains et tu vivras parmi les bêtes sauvages. Tu te nourriras d'herbe comme les bœufs et tu seras trempé de la rosée du ciel. Tu seras dans cet état durant sept temps, jusqu'à ce que tu reconnaisses que le Très-Haut est le maître de toute royauté humaine et qu'il accorde la royauté à qui il lui plaît.

Mais si l'on a ordonné de préserver la souche avec les racines de l'arbre, c'est que la royauté te sera rendue dès que tu auras reconnu que le Dieu des cieux est souverain.

C'est pourquoi, ô roi, voici mon conseil: puisses-tu juger bon de le suivre! Détourne-toi de tes péchés et fais ce qui est juste! Mets un terme à tes injustices en ayant pitié des pauvres! Peut-être ta tranquillité se prolongera-t-elle.

Tous ces événements s'accomplirent pour le roi Nabuchodonosor.

En effet, un an plus tard, il se promenait sur la terrasse du palais royal de Babylone.

Il prit la parole et dit :

N'est-ce pas là Babylone la grande que moi j'ai bâtie pour en faire une résidence royale? C'est par la grandeur de ma puissance et pour la gloire de ma majesté que j'ai fait cela.

Ces paroles étaient encore sur ses lèvres, qu'une voix retentit du ciel :

Roi Nabuchodonosor, écoute ce qu'on te dit : le pouvoir royal t'est retiré !

On te chassera du milieu des humains et tu vivras avec les bêtes sauvages, tu te nourriras d'herbe comme les bœufs. Tu seras dans cet état durant sept temps, jusqu'à ce que tu reconnaisses que le Très-Haut est maître de toute royauté humaine et qu'il accorde la royauté à qui il lui plaît.

Au même instant, la sentence prononcée contre Nabuchodonosor fut exécutée : il fut chassé du milieu des hommes, il se mit à manger de l'herbe comme les bœufs et son corps fut mouillé par la rosée du ciel, sa chevelure devint aussi longue que des plumes d'aigle et ses ongles ressemblaient aux griffes des oiseaux ».

Dieu affirme l'identité spirituelle et prophétique de Daniel. Nous voyons également l'opposition dont il a fait l'objet, de la part des magiciens chaldéens.

Daniel défend le nom de son Dieu, il manifeste sa foi puissante et triomphante ; et il glorifie le nom de l'Éternel, à travers les victoires qu'il remporte, face à ses ennemis.

Ces six premiers chapitres sont plus ou moins faciles à comprendre.

Les textes nous motivent, nous édifient et nous fortifient dans notre foi chrétienne.

Le Dieu de Daniel nous séduit par sa puissance.

Nous nous identifions à Daniel, par rapport à nos moments de combats spirituels.

Nous croyons au Dieu de Daniel, comme le roi Darius, qui fut convaincu de sa puissance.

[14]« *J'ordonne que, dans toute l'étendue de mon royaume, on ait de la crainte et de la frayeur pour le Dieu de Daniel. Car il est le Dieu vivant, et il subsiste éternellement ; son royaume ne sera jamais détruit, et sa domination durera jusqu'à la fin. C'est lui qui délivre et qui sauve, qui opère des signes et des prodiges dans les cieux et sur la terre. C'est lui qui a délivré Daniel de la puissance des lions* ».

En tant que visionnaire inspiré par Dieu, as-tu un témoignage personnel de la manière dont il est intervenu dans ta vie ?

---

[14] Daniel 6 : 26 – 28 version LSG

Les gens peuvent-ils jeter un regard sur ta vie, sur ton parcours et dire : « il/elle a échappé à une calamité, il/elle a été délivré d'une grande opposition. Il n'y a que Dieu qui puisse opérer ce genre de miracle. Je crois que Dieu marche avec lui/elle ».

J'ai, pour ma part, écrit mon témoignage.

Au début, je ne savais pas pourquoi Dieu me demandait d'écrire. Maintenant, je sais.

Le Seigneur a opéré tellement de miracles dans ma vie, il a fait tellement de grandes choses que je ne puis me taire.

J'ai partagé sur mon parcours, sur ma vie dans un livre intitulé « *une vie rêvée, la différence qui fait la différence* ».

Un vrai leader n'a pas peur de montrer ses cicatrices, car cela est une preuve qu'il a été un bon combattant et qu'il a triomphé de l'adversité.

Es-tu ce leader ?

Raconte-nous ton témoignage.
Montre-nous tes cicatrices.
Inspire-nous par ton combat sur le plan personnel.

Nous voulons être rassurés que tu comprends ce que nous ressentons, car tu as connu ce que nous vivons.

Nous voulons être rassurés que tu n'es pas du genre à fuir devant les difficultés, ni le genre à accuser les autres pour tes propres erreurs.

Nous voulons être rassurés qu'en te suivant, qu'en te soutenant dans cette vision présentée avec tant d'éloquence, que tu supporteras aussi les conséquences et que tu nous garantiras une bonne pitance.

Nous voulons connaître le Dieu que tu sers, connaître ses œuvres dans ta vie.

Cela nous rassurera que nous n'avons rien à craindre, car nous sommes entre de bonnes mains.

Les six derniers chapitres du livre de Daniel, quant à eux, tournent autour des visions et des révélations reçues par ce dernier.

- la vision des quatre animaux
- la vision du bélier et du bouc
- la vision des soixante-dix semaines
- la vision des deux royaumes en conflit :
  le royaume du nord et le royaume du midi.
- la vision du temps de la fin

À ce niveau, Daniel n'interprète plus les visions des autres, mais il reçoit des visions divines.

Daniel est emporté dans une autre dimension spirituelle ; et, un ange intervient pour l'aider à comprendre et à interpréter ce qu'il voit.

Ici, Daniel ne nous est pas présenté dans toute sa splendeur d'interprète de songes et d'homme de foi.

Nous découvrons plutôt un Daniel fatigué, remué, troublé par les visions divines.

[15]« *Moi, Daniel, j'ai eu l'esprit troublé au plus profond de moi et mes visions m'ont terrifié…*

…Ici prend fin le message. Moi, Daniel, j'ai été si terrifié par mes pensées que j'en ai changé de couleur. J'ai gardé cette parole dans mon cœur.»

[16]« *Tandis que moi, Daniel, j'avais cette vision et que je cherchais à la comprendre, quelqu'un qui avait l'apparence d'un guerrier se tenait en face de moi. J'ai entendu la voix d'un homme au milieu du fleuve Oulaï ; il a crié : Gabriel, fais comprendre à celui-ci ce qu'il a vu ! Il est alors venu près de l'endroit où je me trouvais.*

---

[15] Daniel 7 : 15, 28 Segond 21

[16] Daniel 8 : 15 – 18, 27 Segond 21

Terrifié à son approche, je suis tombé le visage contre terre. Il m'a dit : sois attentif, fils de l'homme, car la vision concerne le moment de la fin. Pendant qu'il me parlait, j'étais plongé dans une profonde torpeur, le visage contre terre. Il m'a touché et m'a fait me tenir debout là où je me trouvais...

...Moi, Daniel, je suis resté affaibli et malade durant plusieurs jours. Puis je me suis levé pour m'occuper des affaires du roi, mais j'étais effaré à cause de la vision et je ne la comprenais pas».

Très souvent, lorsque Dieu commence à parler à un homme ou à une femme pour lui révéler ses secrets, une guerre intérieure éclate dans le cœur et dans l'esprit de cette personne.

Comme Daniel, il y a des choses que le visionnaire ne comprendra pas immédiatement. Il lui faut une aide spirituelle pour avancer dans ces chemins sombres et mystérieux.

Lorsque Dieu se met à parler pour nous confier une mission, tout est remué à l'intérieur.

Notre humanité cède la place au divin, mais le degré de résistance de notre enveloppe humaine (qui contient nos organes sensoriels et nos émotions) affiche une baisse considérable. Tout est chamboulé.

Au cours de cette étape de transformation, le héros en nous, peut devenir un zéro, apeuré et fragile.

Les gens qui observent la vie d'un tel homme ou d'une telle femme de l'extérieur, ne voient que des changements, des bouleversements, des attitudes inexplicables, des combats spirituels, des échecs, des pertes, etc.

Mais Dieu qui connaît chacun de nous, sait qu'il y a un temps pour tout.

Le visionnaire doit passer par ces périodes de transition souvent inconfortables, avant d'entrer dans sa saison de manifestation.

[17]« *Je sais vivre dans l'humiliation, et je sais vivre dans l'abondance. En tout et partout j'ai appris à être rassasié et à avoir faim, à être dans l'abondance et à être dans la disette. Je puis tout par celui qui me fortifie* ».

Les six derniers chapitres du livre de Daniel renferment des écrits eschatologiques[18] et apocalyptiques[19].

---

[17] Philippiens 4 : 12 – 13 version LSG

[18] Eschatologie : c'est l'ensemble des doctrines et de croyances portant sur le sort ultime de l'homme après sa mort (eschatologie individuelle) et sur le sort de l'univers après sa disparition (eschatologie universelle). L'eschatologie biblique renferme les textes sur la fin du monde, de l'enlèvement de l'Église et du jugement dernier.

[19] Apocalyptique : en référence aux révélations du livre de l'Apocalypse, écrit par l'Apôtre Jean dans l'île de Patmos.

Daniel prophétise sur le destin d'Israël (le pays géographiquement identifié, le peuple juif) mais il prophétise également sur le destin de l'Église de Dieu (ceux qui ont cru en Jésus-Christ et qui sont devenus fils et filles de Dieu).

Daniel prophétise sur le retour triomphal de Christ, le Messie, notre Seigneur et Sauveur. Mais avant que Christ ne revienne, Daniel mentionne la période de domination de l'Antéchrist.

Les prophéties de Daniel rejoignent, complètent et confirment les écrits des autres prophètes tels que Jérémie, Esaïe, Ézéchiel, l'Apôtre Jean, l'Apôtre Paul... et Jésus-Christ lui-même.

Les nations citées, ou les pays décrits dans les visions de Daniel, font encore partie, à ce jour, de la carte du monde.

Par exemple :

La vision des quatre animaux : un lion avec des ailes d'aigle, un ours avec trois côtes dans la gueule, un léopard avec quatre ailes sur le dos et quatre têtes, et un animal terrifiant avec des grandes dents de fer.

Ils représentent quatre rois qui s'élèveront de la terre, quatre empires de l'Antiquité[20].

---

[20] Daniel 7:17

Babylone, l'Egypte, l'Asie Mineure, la Grèce, les conquêtes d'Alexandre le Grand, la Macédoine, l'Egypte, la Syrie et l'ancien empire romain sont tous représentés dans cette vision.

Les prophéties de Daniel se déroulent, pour la plupart, autour d'un point central de localisation : la mer Méditerranée.

Certains de ces pays ont changé de nom, les autres ont connu des changements sur le plan politique, des redécoupages de territoire, de nouvelles répartitions et délimitations géographiques.

Les étudiants assidus des Écritures bibliques, sauront identifier ces pays en lisant leurs bibles, et discerner les temps dans lesquels nous sommes.

Les prophéties de Daniel sont en train de s'accomplir sous nos yeux.

Les messages prophétiques de Daniel concernent notre génération, ils sont valables pour les temps actuels.

Daniel a prédit le futur en décrivant avec précision ce qui se passera : de la vision sur le royaume de Babylone au retour glorieux de Jésus-Christ.

[21]« Car ce n'est pas par une volonté d'homme qu'une prophétie a jamais été apportée, mais c'est poussés par le Saint - Esprit que des hommes ont parlé de la part de Dieu ».

Ainsi donc, le prophète Daniel nous est présenté avec des faits sur son parcours et des révélations importantes pour l'humanité, à travers les visions qu'il a reçues.

Daniel est l'homme des visions.

Il existe, de nos jours, parmi les chrétiens, des visionnaires qui ont reçu des messages puissants de la part de Dieu, pour guider les autres.

Où sont les « Daniel » de ces temps modernes ?

L'Église a besoin de vous
Le monde a besoin de vous
Les nations ont besoin de vous

---

[21] 2 Pierre 1: 21 version LSG

CHAPITRE 2 : Cause

La cause est décrite comme étant un facteur, un fait qui pousse à une action.

C'est l'origine de l'action.

C'est un élément qui participe à la production d'une réaction. C'est un motif.

La cause est ce qui fait que quelque chose existe.

Le mot « cause » prend également un autre sens, lorsqu'il s'agit de défendre des valeurs, des idées ou des actions en faveur d'une personne ou d'un groupe d'individus.

En ce moment-là, la cause devient un intérêt, une raison de vivre, une justification de ses actions.

La cause est étroitement liée aux idéaux que nous portons en nous, mais elle est également liée à notre caractère.

Exemple :

Si tu es un homme ou une femme honnête, qui a toujours soutenu les plus faibles, ou aidé ceux qui sont dans le besoin : ce sera naturel pour toi de défendre une cause juste d'envergure nationale ou mondiale.

Mais si tu as toujours été un égoïste, un menteur et un manipulateur, tu questionneras bien évidemment les intentions de ceux ou celles qui s'engagent dans la défense d'une cause juste. Parce que, pour toi, le mot « cause » est lié à « intérêt personnel », au positionnement politique ou à l'argent. Tu ne peux faire du bien à autrui, sans recevoir en retour.

Daniel avait une cause qu'il défendait, un motif, un intérêt qui justifiait le choix de son mode de vie et de ses actions.

Une parenthèse avant de poursuivre :

Le 07 Novembre 2015, au petit matin, pendant que j'avais encore les yeux fermés, je fis un rêve.

Je venais de finir l'écriture de mon livre « *Ma vision du changement en R.D.Congo et en Afrique* », qui avait été accepté par une maison d'éditions pour sa publication.

Et j'avais également un autre livre « *Les enchanteurs prophétiques chrétiens* » en cours de publication.

Je ressentis une sorte de satisfaction personnelle :

« *Enfin, cette pression interne de publier les deux grands messages et thèmes que Dieu avait placé dans mon cœur, depuis bien longtemps, n'existera plus. Fini les nuits blanches !* ».

J'étais heureuse d'avoir obéi à Dieu, sans espérer forcément des résultats grandioses.

Mais ce matin-là dans mon rêve, je vis l'image de ma boîte e-mail. Pendant que l'image défilait devant mes yeux, je pus identifier trois maisons d'éditions différentes qui me firent un feed-back positif par rapport à mes œuvres en cours de publication.

Puis, je vis que mon livre qui traitait le thème politique avait été placé aux archives, et un autre titre le remplaça.

Je vis exactement ceci :

« *Ma vision du changement : la cause de Daniel* ».

Je compris, plus tard, que Dieu me demandait d'écrire sur Daniel, alors que le processus d'édition du premier livre avait pris un peu de retard, dérangeant quelque peu mes projets.

Je posai la question à Dieu, à savoir :

Pourquoi Daniel ? De quelle cause parle-t-on encore ? Y-a-t-il un lien entre ce nouveau titre, « la cause de Daniel » et le livre déjà écrit, « ma vision du changement ... » ?

J'ai lu le livre de Daniel auparavant, sans trop le comprendre, car il me paraissait trop dense, trop cryptique et trop effrayant.

J'ai toujours pensé, avant l'écriture de « la cause de Daniel », que seuls les enseignants bibliques possédant des diplômes en théologie ou encore les prophètes expérimentés pouvaient décoder les révélations du livre de Daniel et les partager avec le peuple de Dieu.

Je n'ai jamais osé m'aventurer dans les lignes de ce livre prophétique, pour interpréter les révélations divines.

Mais cette pensée erratique, ce jugement basé sur la peur et l'ignorance, furent bien vite corrigés par le Saint-Esprit.

Je me demandai encore : « *Mais que vais-je écrire ? Je n'ai aucune idée de ce que Dieu veut transmettre à son peuple à travers ma plume* », lorsque soudain, l'Esprit de Dieu apporta une sorte d'assurance à mon esprit troublé.

Je me suis souvenue que j'avais connu la même expérience lors de l'écriture de mon tout premier livre « *Une vie rêvée, la différence qui fait la différence* », qui sera bientôt disponible.

Mais le Seigneur m'avait guidé tout au long de ce processus, en me surprenant par le genre de dépôt spirituel en moi, dont j'ignorais l'existence jusque-là.

La cause de Daniel ? Oui, parlons-en.

La direction que le Seigneur m'a donnée dans l'écriture de ce livre, n'est pas celle de décortiquer les prophéties de Daniel, mais plutôt de présenter Daniel, le visionnaire et la cause qu'il défend.

Le dictionnaire « Larousse » décrit le visionnaire comme étant :

- Celui qui a ou qui croit avoir des visions surnaturelles.

- Celui qui est capable d'anticipation, qui a l'intuition de l'avenir.
    a.

Ce livre s'adresse aux leaders et aux visionnaires ; mais également à ceux qui accompagnent ou supportent la vision d'un autre.

Il s'adresse à ceux qui répondent positivement au message reçu et n'hésitent pas à s'engager aux côtés des visionnaires, pour défendre des causes nobles et justes.

Très souvent, nous hésitons lorsque Dieu nous confie une mission, parce que nous nous sentons incapables de l'accomplir.

Nous nous sentons limités par nos connaissances intellectuelles et par nos qualifications, selon les standards humains.

Mais comme l'ange qui parla à Zacharie, je reprends cette affirmation divine :

[22]« Ce n'est ni par la puissance, ni par la force, mais par mon Esprit, dit l'Éternel des armées ».

Le plus difficile est de commencer.

Mais, lorsqu'on est déjà lancé, Dieu répond à notre courage et à notre obéissance par l'envoi de ses anges pour nous aider à accomplir la tâche, de façon surnaturelle.

---

[22] Zacharie 4 : 6 version LSG

[23]« *Ne sont-ils pas tous des esprits au service de Dieu, envoyés pour exercer un ministère en faveur de ceux qui doivent hériter du salut ?* »

Le plus dangereux est d'aller, de se lancer sans avoir été envoyé par Dieu.

J'aime toujours me rassurer que c'est bel et bien Dieu qui m'a envoyé ou donné une instruction, avant de me lancer.

Je prends le temps de recevoir les confirmations, de discerner les signes autour de moi et de ressentir cette paix intérieure qui valide mon mouvement.

David se lança contre Goliath, car il avait reçu une validation intérieure de la part de l'Esprit de Dieu, qui le guidait.

David avait, auparavant, expérimenté la puissance de Dieu contre les lions et les ours dans la brousse où il gardait son troupeau.

Il connaissait le mouvement de l'Esprit, il savait que son père dans les cieux lui disait : « *Ben dis donc, il se prend pour qui cet incirconcis ? Il ose insulter mon*

---

[23] Hébreux 1 : 14 version LSG

nom ? Vas-y ! Fils, montre-lui comment ça se passe chez nous. Je suis avec toi.».

C'était un risque à prendre : la vie en cas de victoire ou la mort en cas d'échec.

Les témoins étaient nombreux : le roi Saül, ses frères qui le méprisaient, toute l'armée d'Israël, Goliath l'ennemi à abattre, l'armée du camp adverse, les habitants de la ville, etc.

Combien de témoins as-tu, par rapport à la mission que Dieu t'a confiée ?

Les grandes missions de Dieu, les grands défis à relever, exigeront toujours de nous un sang-froid exceptionnel.

Si nous sommes de nature plutôt calme, introvertie, et que nous aimons la discrétion, Dieu nous demandera, à un moment, de sortir de notre zone de confort.

Il nous demandera de prendre le risque d'être ridicule comme Noé, et de passer, s'il le faut, pour un fou ou une folle aux yeux de ceux qui nous observent.

Parmi ces témoins qui nous observent, il y a : nos ennemis, ceux qui doutent de nous, ceux qui nous ont toujours méprisé et n'attendent que l'opportunité de nous voir humilié publiquement, nos supporters, nos admirateurs, nos intercesseurs, les connexions prophétiques de notre destinée, et nos futurs promoteurs.

L'échec est un autre risque qui nous attend ; la mort également, pour certaines missions trop dangereuses.

Prendrons-nous le risque ?

David avait risqué.
Daniel avait risqué.

[24]« ...Mais ceux du peuple qui connaîtront leur Dieu, agiront avec fermeté, et les plus sages parmi eux donneront instruction à la multitude ».

La version biblique du semeur traduit le mot fermeté par courage.

Sommes-nous suffisamment courageux pour oser ?

Sommes-nous sages ?

Seuls les plus sages enseignent les foules.

---

[24] Daniel 11 : 32 version LSG

Seuls le plus sages osent parler des choses, qui sortent de l'ordinaire. Ils n'ont pas peur du risque, car ils connaissent la force de leur Dieu.

Le « timing » aussi, est un élément très important dans l'accomplissement des missions divines.

Ni trop tôt, ni trop tard, c'est le principe de la synchronisation spirituelle.

La précipitation et la procrastination sont les deux ennemis du visionnaire.

Il faut savoir être à l'écoute de Dieu et marcher à son rythme, sans déranger la cadence du Saint-Esprit.

Le doute et la peur dérangent cette cadence.

Lorsque Dieu ouvre une porte, ladite porte ne restera pas toujours ouverte en permanence.

Si ceux qui sont sensés entrer par cette porte hésitent ou refusent (pour quelque raison que ce soit), Dieu fermera la porte et notera que ces personnes, qu'il a désigné pour ses missions ou ses bénédictions, ne sont pas encore prêtes.

Il leur fera passer d'autres tests.
Et, si l'incrédulité et la désobéissance persistent, Dieu choisira tout simplement d'autres personnes à leur place.

La désobéissance de Saul permit à David d'être utilisé par Dieu, comme remplacement.

L'arrogance de la reine Vatshi permit à la reine Esther d'entrer dans l'histoire.

L'Éternel n'est pas limité en ressources humaines pour l'accomplissement de ses projets sur terre. Aucun de nous n'est indispensable.

Dieu cherche des hommes et des femmes disponibles, suffisamment brisés et dépouillés d'eux-mêmes, complètement soumis à sa volonté.

Les événements se mettent en place rapidement dans le monde spirituel et nous devons être suffisamment sensibles pour comprendre ce que Dieu attend de nous, et ne pas manquer l'opportunité de son intervention à travers nous.

En parlant de portes, certaines d'entre-elles ont un délai d'ouverture et de fermeture bien calculé.

[25] « *Car une porte grande et d'un accès efficace m'est ouverte, et les adversaires sont nombreux* ».

---

[25] 1 Corinthiens 16 : 9 version LSG

Les expressions « *ciel ouvert au-dessus de notre tête* » ou « *portail spirituel*» sont souvent utilisées dans le langage des chrétiens évangéliques ou pentecôtistes.

C'est un langage familier aux prophètes, car ils ressentent mieux ces moments particuliers, et perçoivent le mouvement des anges.

Mais tout chrétien, qui a une vie spirituelle riche, ou une relation intime avec le Seigneur, peut discerner ce genre de moment précieux, et saisir l'opportunité d'entrer dans sa destinée prophétique.

Il y a le mot « chronos » en langue grecque, qui signifie le temps dans sa longueur, dans son cours normal.

Du mot « chronomètre », qui sert à mesurer le temps, nous constatons que nous avons tous le même « chronos », c'est à dire 24 heures par jour.

Chacun répartit ses heures selon sa convenance : pour exercer ses activités, préparer des projets, étudier, travailler, voyager, prier, etc.

Le « chronos » revient chaque jour. Nous nous réveillons le matin et c'est la même routine ; nous nous couchons le soir, et c'est reparti.

Nous pouvons modifier notre agenda chronos, annuler quelques rendez-vous, changer quelque peu nos habitudes, faire face à des imprévus, mais cela n'affecte pas notre destinée de manière drastique.

Mais il existe également une autre forme de temps appelé « kaïros ».

C'est le temps dans sa précision et dans sa particularité. C'est l'instant dans le temps.

Le « kaïros » n'est pas le même pour tous.

Nous devons apprendre à discerner nos moments « kaïros », car c'est pendant ces moments que le portail du ciel est spécialement ouvert pour nous, afin d'initier un mouvement qui changera le cours de notre vie.

Certains discernent bien leur « kaïros », ce qui leur permet d'entrer dans leurs destinées ; d'autres manquent leur « kaïros » par distraction ou par hésitation.

Dans la bible, nous lisons l'histoire de Jacob qui avait une grande destinée prophétique, mais il passa par des moments d'épreuves, de fuite, de peur et de transformation.

Dans son parcours, il vécut un moment « kaïros » à Béthel.

À cet endroit, Il eut une vision extraordinaire : une échelle, sur laquelle des anges montaient et descendaient du ciel.

Le portail du ciel était ouvert au-dessus de la tête de Jacob.

C'est là que Dieu lui parlât, il conclut une alliance avec l'Éternel ; et sa vie ne fut plus jamais la même après cette expérience. Il fut guidé par Dieu pour le restant de ses jours.

Dieu donna à Jacob l'héritage qu'il lui avait promis à Béthel : les douze tribus d'Israël nommées après ses fils.

[26]« Jacob s'éveilla de son sommeil et il dit : certainement, l'Éternel est en ce lieu, et moi, je ne le savais pas ! Il eut peur, et dit : « Que ce lieu est redoutable ! C'est ici la maison de Dieu, c'est ici la porte des cieux ! »

J'ai retenu quelques raisons pour lesquelles Dieu ouvre le ciel au-dessus de notre tête :

- Lorsqu'il veut faire pleuvoir des bénédictions dans nos vies, après une longue période de sécheresse.

---

[26] Genèse 28 : 16 – 17 version LSG

- Lorsqu'il veut récompenser notre endurance, après une longue période d'attente de l'accomplissement de ses promesses.

[27]« *L'Éternel t'ouvrira son bon trésor, le ciel, pour envoyer à ton pays la pluie en son temps et pour bénir tout le travail de tes mains ; tu prêteras à beaucoup de nations et tu n'emprunteras point* ».

- Lorsqu'il veut récompenser notre obéissance parce que nous semons dans son royaume et parce que nous bénissons ses serviteurs ; ou encore parce que nous investissons dans son œuvre.

[28]« *Apportez à la maison du trésor toutes les dîmes, afin qu'il y ait de la nourriture dans ma maison ; mettez moi de sorte à l'épreuve, dit l'Éternel des armées. Et vous verrez si je n'ouvre pas les écluses des cieux, si je ne répands pas sur vous la bénédiction en abondance* ».

- Lorsqu'il veut manifester son miracle, et nourrir ses enfants en détresse dans le désert.

---

[27] Deutéronome 28 : 12 version LSG

[28] Malachie 3 : 10 version LSG

²⁹« Il commanda aux nuages d'en haut, et il ouvrit les portes des cieux ; il fit pleuvoir sur eux la manne pour nourriture, il leur donna le blé du ciel ».

- Lorsqu'il veut nous donner la nourriture spirituelle, des révélations prophétiques importantes ; c'est pour nous dévoiler les mystères cachés, et nous révéler ses actions futures concernant nos vies, son Église et le monde autour de nous.

³⁰« Et il lui dit : en vérité, en vérité, vous verrez désormais le ciel ouvert et les anges de Dieu monter et descendre sur le Fils de l'homme ».

³¹« Et il dit : voici, je vois les cieux ouverts, et le Fils de l'homme debout à la droite de Dieu ».

³²« Le lendemain, comme ils étaient en route, et qu'ils approchaient de la ville, Pierre monta sur le toit, vers la sixième heure, pour prier. Il eut faim, et il voulut manger. Pendant qu'on lui préparait à manger, il tomba en extase. Il vit le ciel ouvert, et un objet semblable à

---

²⁹ Psaume 78 : 23 – 24 version LSG

³⁰ Jean 1 : 51 version LSG

³¹ Actes 7 : 56 version LSG

³² Actes 10 : 9 – 13 version LSG

une grande nappe attachée par les quatre coins, qui descendait et s'abaissait vers la terre, et où se trouvaient tous les quadrupèdes et les reptiles de la terre et les oiseaux du ciel. Et une voix lui dit : Lève-toi, Pierre tue et mange ».

Les moments à ciel ouvert, marquent des tournants très stratégiques pour nos destinées.

C'est également l'occasion pour Dieu de confirmer au monde qu'il a toujours été avec nous, mais également une opportunité pour nous rassurer, par rapport à la mission qu'il nous a confié.

[33]*« Comme il parlait encore, une nuée lumineuse les couvrit. Et voici, une voix fit entendre de la nuée ces paroles : Celui-ci est mon Fils bien-aimé, en qui j'ai mis toute mon affection : écoutez-le ! ».*

Les moments « kaïros », ne sont pas toujours spectaculaires.

Ils commencent souvent par une sorte d'impression que Dieu place dans nos cœurs, ou par une conviction intérieure qui nous pousse à nous positionner dans sa présence, afin de recevoir la pluie de sa part.

---

[33] Matthieu 17 : 5 version LSG

Les circonstances physiques ou sociales qui entourent ces moments « kaïros » sont même, très souvent, contradictoires.

Parce que Dieu se cache dans les nuées, dans les ténèbres, et dans les contradictions.

Cela exige de nous foi et discernement, afin de comprendre que notre bénédiction se trouve dans cette nuée (ou derrière la nuée).

[34]« *L'Éternel allait devant eux, le jour dans une colonne de nuée pour les guider dans leur chemin, et la nuit dans une colonne de feu pour les éclairer, afin qu'ils marchassent jour et nuit* ».

Le mot « nuée », selon le dictionnaire français, a deux sens.

Dans sa définition au sens propre : c'est un gros nuage épais, généralement sombre, qui annonce la pluie ou l'orage.

Dans sa définition au sens figuré : c'est une multitude de personnes, d'oiseaux, d'insectes ou d'animaux venus par troupes.

---

[34] Exode 13 : 21 version LSG

[35] « *Les nuages et l'obscurité l'environnent, la justice et l'équité sont la base de son trône* ».

[36] « *L'Éternel dit à Moise : parle à ton frère Aaron, afin qu'il n'entre pas en tout temps dans le sanctuaire, au-dedans du voile, devant le propitiatoire qui est sur l'arche, de peur qu'il ne meure, car j'apparaitrai dans la nuée sur le propitiatoire* ».

La période, au cours de laquelle j'ai écrit ce livre fut une sorte de moment clé dans le monde spirituel, mais cela ne paraissait pas comme tel dans le naturel.

J'avais un ciel ouvert au-dessus de ma tête.

Le portail du ciel était ouvert pour moi ; c'était mon moment « kaïros ».

Mais dans le naturel, dans la dimension physique c'était : le chaos tout autour, l'incertitude, la peur, les mauvaises nouvelles, la sécheresse, l'attente qui commençait à me fatiguer sérieusement.

La France, mon pays d'accueil et de résidence, avait subi des attaques terroristes bien organisées.

---

[35] Psaume 97 : 2 version LSG

[36] Lévitique 16 : 2 version LSG

Le 13 Novembre 2015, en plein cœur de Paris, une centaine de personnes ont perdus leurs vies dans ces attaques.

Des familles ont été touchées, affectées, et la France entière a pleuré.

J'ai pleuré avec ceux qui pleuraient.

Même si Dieu m'avait prévenu sur lesdites attaques terroristes, un mois avant cela dans mes rêves, j'étais quand - même affectée par leur ampleur.

J'avais discuté de cela avec d'autres prophètes, dans mon cercle ; ils avaient également reçu des messages d'avertissement de la part de Dieu.

[37]« *Car le Seigneur, l'Éternel, ne fait rien sans avoir révélé son secret à ses serviteurs les prophètes.*

Le lion rugit : qui ne serait effrayé ? Le Seigneur, l'Éternel, parle : qui ne prophétiserait ? ».

Le sentiment d'insécurité était palpable dans les rues et dans les transports en commun.
La psychose grandissait.

---

[37] Amos 3 : 7 – 8 version LSG

Mais, je récitais le psaume 91 avec assurance, sachant que j'ai une mission à accomplir.

Je ne quitterais pas cette terre des hommes, brusquement, sans accomplir ma mission.

Dieu m'avait donné une série de révélations, dans différents rêves, au cours des 12 derniers mois.

Plusieurs pays étaient concernés, y compris mon pays d'origine la République Démocratique du Congo.

J'ai écrit toutes les stratégies que Dieu me donnait par rapport à ce qu'il me montrait, par rapport à la vision et aux missions qu'il me confiait, tel que le prophète Habacuc nous l'a recommandé[38].

Je ressentis une grande lourdeur dans l'atmosphère, mais en même temps cela semblait être un moment de destinée, une période de surprises qui n'allaient pas tarder à se manifester.

Entre-temps mon compte bancaire était à découvert, la comptabilité de la société de production audiovisuelle que j'avais créée en début d'année, n'était pas non plus au beau fixe.

J'étais en pleine phase de développement, et mes projets professionnels avaient du mal à prendre de l'élan.

La nuée était très sombre autour de moi. Je ne voyais absolument rien à l'horizon, aucune solution immédiate.

Mais, c'est au cours de cette période chaotique et sombre, que Dieu me demanda d'écrire, de publier successivement trois livres.

Il m'ouvrit des portes par rapport aux maisons d'éditions qui facilitèrent la publication de mes livres.

Je reçus même un soutien financier de la part de mon réseau apostolique, pour investir dans le processus de publication.

Dieu ne raisonne pas comme un homme. Il sait que nous avons des besoins, des préoccupations, voire des urgences.

Nous lui demandons dans nos prières d'ouvrir les portes qui correspondent à nos besoins immédiats, tels qu'imaginées dans notre esprit.

Mais lorsque Dieu répond à nos prières, il ouvre souvent des portes différentes.

Ces portes ne correspondent pas toujours à ce que nous avions imaginé ou demandé.

L'erreur que nous commettons, parfois, est celle de minimiser ces portes-là, de les ignorer.

Nous nous obstinons à réclamer à Dieu les portes de notre imagination ; et nous négligeons celles qu'il a déjà ouvertes devant nous, parce que la nuée nous empêche de voir clairement.

Pourtant, les portes de la destinée prophétique ne sont pas fabriquées selon les attentes de la logique humaine.

Sinon, Dieu ne serait plus Dieu, et Satan pourrait tout comprendre ; il pourrait stopper l'accomplissement des promesses quand il veut, comme il veut.

Le texte **d'Éphésiens 3 : 20** est souvent mal interprété.

Lorsque Dieu nous dit qu'il peut faire, par la puissance qui agit en nous, au-delà de tout ce que nous demandons ou pensons, cela ne signifie pas que la manière dont il agira s'alignera avec notre pensée exacte de son intervention.

<u>Au-delà signifie</u> : à un niveau plus élevé de notre intelligence, plus loin que notre imagination.

La puissance qui agit en nous : c'est celle du nom de Jésus-Christ, mais c'est également celle du discernement par le Saint-Esprit qui est en nous.

Cette façon de faire de Dieu, crée la confusion dans le camp de l'ennemi. Mais cela peut aussi créer la confusion dans notre propre esprit, si nous n'y prenons pas garde.

Si le diable avait su que ce serait à travers la mort de Jésus-Christ, sur la croix, que le salut serait accordé aux humains, il n'aurait pas poussé l'agenda de la haine et de la conspiration contre Jésus-Christ.

[39]*« Nous savons, du reste, que toutes choses concourent au bien de ceux qui aiment Dieu, de ceux qui sont appelés selon son dessein ».*

Je me souviens d'une conversation intéressante que j'eue avec ma mère au téléphone, pendant cette période :

Maman :

Allo, Nanou ! Tout va bien ? Et ton fameux contrat d'édition ? Ça y est tu as signé ?

---

[39] Romains 8 : 28 version LSG

Moi :

Allo, maman ! Oui, c'est fait. J'ai signé. Le processus d'édition a été activé. J'ai envoyé les chèques demandés. Ce sera assez dur pour moi, sur le plan financier, car je dois à présent serrer la ceinture. Mais je suis contente d'avoir obéi à Dieu.

Maman :

Nanou, est-ce que Dieu ne sait pas que tu as supporté beaucoup de sacrifices pour la cause de son royaume ? Que tu as enduré tant de combats spirituels et que tu as besoin de repos ?

Tu as également besoin d'argent, il y a tant d'autres urgences sur ta table.

Pourquoi te demande-t-il d'écrire ? Combien de ventes feras-tu en un mois ? Cela suffira-t-il à payer tes factures, à régler tes dettes ?

Tes droits d'auteur pour ces livres, en une année, ne suffiraient même pas à changer ta situation financière et sociale.

Dieu ne peut-il pas ouvrir une autre porte plus pragmatique ?

Ne peut-il pas te donner une autre révélation ou une autre instruction qui te sortirait immédiatement de ta situation de crise ?

J'ai la foi en Dieu, mais je ne comprends pas. Ce n'est pas logique. Les prophéties concernant ta destinée, ta vie, sont pourtant bien claires.

Je ne vois pas en quoi, écrire des livres, feraient en sorte que ces prophéties s'accomplissent.

Moi (connaissant ma mère lorsqu'elle s'y met) :

Maman, maman, calme-toi !
Je comprends bien ta préoccupation.
Tu es fatiguée d'attendre et je le suis également.

Les prophéties divines, me concernant, ne sont pas fausses. Dieu a dit ce qui arriverait, mais il n'a pas dit comment cela arriverait.

Écoute maman : la bible nous relate l'histoire de la prise de la ville de Jéricho.

Josué et les enfants d'Israël étaient des hommes de guerre, des hommes intelligents et expérimentés.

Ils savaient tous que, logiquement, une ville se conquiert par le combat militaire.

Mais, voilà que Dieu leur donna une stratégie qui n'avait rien à avoir avec l'art de la guerre.

Il leur demanda de faire le tour de la ville, une fois, pendant six jours, sans faire de bruit. Ensuite, le septième jour, faire sept fois le tour de la ville, en sonnant les trompettes ; puis pousser des cris à la septième fois.

Maman, sais-tu qu'on sert un Dieu qui n'est pas logique ?

Il maîtrise l'art de nous rendre ridicule pendant l'exercice de notre foi.

Essaie, juste un instant, d'imaginer Josué et ses hommes en train de faire le tour de Jéricho pendant les six jours sans dire un mot. Ensuite, imagine-les en train de crier comme des fous au septième jour. N'étaient-ils pas ridicules ?

Je suis sûre que leurs ennemis, qui s'étaient barricadés dans la ville, les observait à travers des petites fenêtres.

Le roi de Jéricho a certainement eu des moments de fous rires, avec l'ensemble de son armée, en voyant Josué et ses hommes circuler ainsi autour de la ville.

Il s'est peut - être dit : « *ça y est, ils ont craqué mentalement, ils sont devenus fous, ils ne savent plus quoi faire* ».

Mais c'est plutôt la muraille de Jéricho, qui avait fini par craquer sous la puissance du Dieu d'Israël.

Josué et ses hommes conquirent Jéricho.

Maman, les opinions des détracteurs et des moqueurs ne doivent pas nous faire manquer notre moment « kaïros », car notre Dieu ne ressemble pas à leurs dieux.

La logique de Dieu contredit toujours celles des hommes.

Mais, rien ne peut se faire sans l'obéissance à ses instructions.

Maman, j'écris parce que Dieu m'a demandé d'écrire.

Ce que mon obéissance produira sera mon témoignage pour encourager d'autres chrétiens à ne pas se laisser distraire par les nuages épais et sombres autour de leurs situations.

Maman (sur un ton nonchalant) :

Ok, Madame la prédicatrice, j'ai compris.

Continuons à prier. Et, que Dieu se souvienne de tes actes d'obéissance et qu'il récompense ta foi.

Moi :

(Rires) Amen !

Merci maman ! Tes prières me font également beaucoup de bien. N'arrête pas de prier pour moi, pour nous. Reste confiante ! Il agira.

Je t'aime maman. Bonne nuit !

Le lendemain de cette conversation avec ma mère, j'eus une sorte de flash-back : le souvenir d'un rêve que j'avais fait, l'année précédente, me revint à l'esprit.

Je pris immédiatement mon carnet de messages prophétiques, pour relire mes notes à propos de ce rêve.

Le rêve commençait par une scène à l'entrée d'un hôtel. J'étais debout devant la porte d'entrée :

Je vis un homme arriver devant moi, habillé en costume-cravate. Je ne voyais pas son visage, juste son allure et son dos. Nous étions tous les deux devant cette sorte d'hôtel appelé « campanile ».

J'avais une forte impression dans mon rêve, que cet hôtel avait une vision multiculturelle, à cause de la décoration extérieure. C'était une sorte de mixage entre l'Afrique et l'Europe.

Je voulais entrer à l'intérieur de l'hôtel, mais je n'avais pas de clé. Cet homme en costume sortit un badge qui avait le chiffre 11 dessus, et il m'ouvrit la porte avec ledit badge. Il était très galant et courtois.

En entrant dans le hall de l'hôtel, je vis que l'endroit était rempli de monde. Il y avait deux sections. Des gens faisaient la queue dans les deux sections devant le comptoir des agents d'accueil. À côté, il y avait un restaurant, avec une sorte de buffet où les clients se servaient, des salades de fruit à gogo ; les gens mangeaient et discutaient entre eux.

La file d'attente de la section gauche était bondée comme la section « classe économique » d'un avion, où l'on trouve toutes catégories de voyageurs.

La file d'attente de la section droite ressemblait à une section VIP ; elle était presque vide. Et c'est là que je fus conduite instantanément, une voix intérieure me guidait.

Un monsieur en costume-cravate, à l'apparence caucasienne et à l'allure d'homme d'affaires ou d'homme politique, se trouvait déjà dans la file. Il était, d'ailleurs, tout seul dans cette file et je vins me mettre juste derrière lui, pour attendre mon tour.

L'agent d'accueil au comptoir, s'occupait du monsieur devant moi. Nous n'étions qu'à deux dans cette file. Personne d'autre ne vint s'y ajouter, derrière moi.

Pendant que j'attendais, j'eus faim, très faim. Je fus attiré par les mets délicieux de l'autre côté, là où se trouvait le restaurant. J'eus la pensée de changer de file pour rejoindre ceux qui étaient à gauche, car l'ambiance qu'il y avait là-bas me semblait conviviale. La section où j'étais, me semblait trop ennuyante, sereine et mystérieuse.

Je sortis neuf euros de mon portefeuille, c'était tout ce qui me restait comme argent. J'étais sur le point de quitter la section VIP pour aller m'acheter de quoi calmer ma faim.

Un agent d'accueil remarqua mon impatience et se rapprocha du comptoir pour me parler en disant :
« Madame, je vous demande encore un peu de patience, vous serez bientôt servie. L'un de mes collègues arrive pour s'occuper de vous ».

Je pointai du doigt un ordinateur sur le comptoir d'accueil, et je dis à l'agent :

« Mais cet ordinateur-là n'est pas utilisé et il n'y a personne devant le comptoir, votre collègue peut s'occuper de moi en l'utilisant ».

Mais l'agent d'accueil me répondit :

« Madame, cet ordinateur dont vous parlez, est en panne. Soyez patiente, un autre collègue viendra bientôt s'occuper de vous, il le fera sur un autre comptoir d'accueil, avec un autre ordinateur ».

Entre-temps, lorsque je regardai mes jambes, je remarquai qu'ils n'étaient pas droits. Je marchais comme une personne souffrant d'un handicap.

Mes jambes avaient une forme zig zag.

Finalement, malgré la situation de mes jambes, je décidai d'attendre et de ne pas quitter cette file d'attente.

Mon rêve s'arrêta là.

Les rêves prophétiques, j'en fais souvent et mes carnets sont remplis de rêves et de messages prophétiques, que j'ai écrit depuis 2008.

Certains rêves, ne pourront, peut-être, avoir du sens que bien plus tard.

Très tôt dans son adolescence, Joseph avait fait deux rêves prophétiques.

Mais il ne put vivre l'accomplissement de ses rêves, que des années plus tard, à l'âge adulte.

Tous les rêves prophétiques que Dieu nous donne, ne sont pas censés se réaliser immédiatement.

Il y a un temps « fixé » pour chacun d'eux.

Voilà pourquoi le prophète Habacuc a dit :

[40]« *L'Eternel m'adressa la parole, et il dit: Ecris la prophétie: grave-la sur des tables, afin qu'on la lise couramment. Car c'est une prophétie dont le temps est déjà fixé, Elle marche vers son terme, et elle ne mentira pas; si elle tarde, attends-la, car elle s'accomplira, elle s'accomplira certainement* ».

Ce rêve prophétique, que j'ai mentionné ci - haut, je l'avais reçu au début de l'année 2014.

Il est important pour un rêveur prophétique de savoir maîtriser l'interprétation et le symbolisme de ses rêves avec l'aide du Saint-Esprit. J'ai mis des années à comprendre les miens.

---

[40] Habacuc 2 : 2 – 3 version LSG

Sans trop chercher à entrer dans les détails, je compris que Dieu me demandait en gros la patience dans l'attente de ce qu'il me réservait.

Mon parcours avait été très encombré comme un chemin à la forme zig zag. Cela m'avait affecté dans ma marche chrétienne, dans la mission que Dieu m'avait confiée, car tout semblait déformé. J'ai connu beaucoup d'essais et erreurs, des chemins détournés.

Mais j'étais arrivée à un point déterminant de ma destinée, et Dieu me demandait de ne pas céder à la séduction des autres environnements auxquels je n'avais pas été appelée.

Le mixage culturel entre l'Afrique et l'Europe dans le rêve, c'est la représentation de ce que ma vision des choses a toujours été. Dieu ne fit que confirmer cela.

Je représente une sorte de pont entre les deux continents pour corriger les erreurs, réconcilier et unifier.

Et le mot « campanile » ?

C'est une chaîne d'hôtels qui existe dans la réalité.

Mais je découvris aussi que le campanile, selon le wikipédia, est une tour qui abrite des cloches servant à appeler les fidèles à la prière, elle est isolée de l'église.

Le mot vient de l'italien campanile qui signifie « clocher », issu de campana qui veut dire « cloche ».

Ce terme s'emploie surtout pour les édifices italiens de la Renaissance où le campanile est construit comme un élément à part entière. La tour campanaire ne faisait pas partie de l'église ou de la cathédrale, mais elle était construite à côté.

Sa construction est souvent confiée à de grands artistes.

À la Renaissance, le campanile devint l'objet de rivalité entre les villes italiennes.

C'est l'explication de mon ministère.

Je suis dans l'église Corps du Christ mais j'ai été appelée à être un « campanile », un instrument d'évangélisation isolé d'un système ecclésiastique préétabli.

Le chiffre 11 dans le symbolisme biblique, a très souvent représenté le chaos, le désordre sur la terre ou dans une organisation, suite à la désobéissance des hommes qui ont enfreint la loi de Dieu.

Le chiffre 11 symbolise également le jugement de Dieu.

C'est aussi le chiffre du prophète, un chiffre de transition.

Dans le contexte de mon rêve, cela signifiait que Dieu allait ouvrir la porte de ma destinée prophétique, au milieu du chaos et du jugement.

Le chaos faisait référence à une période difficile au cours de laquelle je commencerais à perdre patience, à cause des problèmes non résolus dans ma vie personnelle.

Le jugement faisait référence au jugement de Dieu qui arriverait sur les nations.

Il m'a fallu discerner que c'est à travers des simples actes d'obéissance, comme celui de publier les livres qu'ils m'avaient recommandé d'écrire, que l'ouverture desdites portes sera activée.

[41]« *L'obéissance vaut mieux que le sacrifice* ».

J'ai voulu partager ce témoignage personnel, pour vous montrer que le parcours de la destinée prophétique n'a jamais été facile.

- *Fin de parenthèse* -

Pour toute cause noble défendue, pour toute vision inspirée par Dieu, le visionnaire sera testé à un niveau

---

[41] 1 Samuel 15 : 22

personnel, avant que Dieu ne lui confie la clé des affaires publiques, nationales ou internationales.

Daniel fut testé sur le plan personnel (dans la première moitié du livre), avant de recevoir des visions détaillées sur les nations et avant de visiter les dimensions spirituelles élevées.

Il nous faut beaucoup de courage et de discernement spirituel.

Mais il faut également comprendre ceci : nous avons déjà en nous ce que Dieu va utiliser pour multiplier les fruits de nos entreprises, et pour produire des résultats extraordinaires.

Dans Exode 4, Dieu posa la question à Moïse : « *Qu'y a-t-il dans ta main ?* »

Moïse n'avait qu'une verge (un bâton).

C'était le bâton de berger dont il s'était toujours servi pour garder son troupeau dans le désert du pays de Madian.

Mais ce bâton représentait, spirituellement, l'autorité et la puissance de Dieu.

Une chose ordinaire entre les mains d'un homme choisi par Dieu, devint un instrument extraordinaire de miracles, qui servit la cause des enfants d'Israël.

Le bâton à lui seul, n'accomplit pas toute la mission. Mais le bâton déclencha un cycle de changements et de confrontations, qui aboutirent à la libération des hébreux.

Moïse avait une cause qu'il défendait : la libération de son peuple. Il avait vu la souffrance des hébreux.

Cette cause qu'il chérissait tant dans son cœur, l'avait même contraint à s'exiler, fuyant la fureur de Pharaon.

Moïse était devenu un opposant au régime égyptien.

La façon dont il défendit sa cause, la première fois, fut catastrophique.

C'est lorsqu'il laissa Dieu le guider et le préparer correctement pour la mission, qu'il fut justifié dans la défense de sa cause la seconde fois, et qu'il obtint victoire.

La même question nous est posée aujourd'hui ?
À toi et à moi :

Qu'avons-nous dans nos mains ?

Moi, j'ai l'art de la communication que j'ai toujours exercé dans ma vie professionnelle, de façon ordinaire.

J'aime écrire. J'ai toujours écrit, depuis que j'étais petite.

J'ai également mon parcours et les expériences diverses qui ont influencé ma perspective de la vie.

Aujourd'hui, Dieu utilise cet « instrument de communication » dans ma main, pour servir des causes nobles :

La cause de son royaume
La cause de mon pays d'origine
La cause des nations vers lesquelles il m'envoie.

Mes livres, à eux seuls, n'accompliront pas la mission. Mais mes livres serviront de déclencheur, comme le bâton de Moïse.

Que représente Daniel pour toi et moi ? Pourquoi Daniel ?

Daniel représente le chrétien ordinaire, qui a reçu le mandat de dominer sur la terre[42], d'être la lumière du monde et le sel de la terre[43].

Je précise :

---

[42] Genèse 1 : 28

[43] Matthieu 5 : 14

Nous avons reçu le mandat divin de dominer sur la création, sur le monde physique et matériel ; et non celui de dominer sur les autres humains qui sont nos frères et sœurs, et que nous devons, bien au contraire, servir.

[44] « *Notre rôle n'est pas de dominer sur votre foi, mais de collaborer ensemble à votre joie, car vous tenez fermes dans la foi* ».

[45] « *Jésus les appela et leur dit : vous savez que ceux qu'on regarde comme les chefs des nations les tyrannisent et que les grands les dominent.*
Il n'en est pas de même au milieu de vous. Mais quiconque veut être grand parmi vous, qu'il soit votre serviteur ; et quiconque veut être le premier parmi vous, qu'il soit l'esclave de tous.
Car le Fils de l'homme est venu, non pour être servi, mais pour servir et donner sa vie comme la rançon de plusieurs ».

[46] « *N'exercez pas un pouvoir autoritaire sur ceux qui ont été confiés à vos soins, mais soyez les modèles du troupeau* ».

---

[44] 2 Corinthiens 1 : 24 version Semeur

[45] Marc 10 : 42 – 45 version LSG

Ces passages bibliques ont toujours inspiré mon style de leadership, dans les domaines de la vie professionnelle et sociale.

Nous avons besoin de leaders et des visionnaires qui comprennent l'importance du capital humain, et qui investissent dans l'homme.

Cela est préférable au style de leadership qui réduit les autres à l'esclavage, pour des intérêts personnels.

Nous avons parlé du bâton de Moïse.

Daniel avait lui aussi, une sorte de « bâton » dans sa main.

Le bâton : c'est un don naturel ou un talent pour lequel les gens te sollicitent.

C'est un art ou une compétence professionnelle dans laquelle tu t'es spécialisée.

C'est ce que tu maîtrises, ce que tu fais bien.

En bref, c'est ton expertise.

---

[46] 1 Pierre 5 : 3 version Semeur

Nous identifions le « bâton » de Daniel dans la Bible :

[47]« *Dieu accorda à ces quatre jeunes gens de la science, de l'intelligence dans toutes les lettres, et de la sagesse ; et Daniel expliquait toutes les visions et tous les songes* ».

Si nous pouvons résumer le « bâton » de Daniel en une courte phrase, nous dirons que :

« Daniel avait l'intelligence prophétique ».

« L'intel » dans le langage des services secrets, est un ensemble d'informations sensibles et salutaires, qui sert à démanteler le réseau de l'ennemi et à sauver une situation.

L'intel sert, aussi, à se faire des bonnes alliances avec des individus influents.

Dans le cas de Daniel, son « intel » venait directement du trône de Dieu ; il recevait des informations exclusives sur le présent et sur le futur des nations.

Cette intelligence prophétique fit de lui un homme très apprécié à Babylone, où il se trouvait et il réussit à trouver faveur auprès des rois de Babylone, Nebucanetsar (ou Nabuchodonosor) et Belschatsar.

---

[47] Daniel 1 : 17 version LSG

Mais Daniel avait également une cause.

Le bâton ne sert pas à grand-chose, sans une cause bien identifiée.

Le bâton de Moise servit à sortir les enfants d'Israël de l'Egypte.

A quoi est-ce que l'intelligence prophétique de Daniel servit, comme cause ?

Nous retrouvons cette cause dans sa prière, au chapitre 9 du livre de Daniel, la Bible du Semeur (BDS).

Pour comprendre une cause, nous sommes poussés à poser deux questions : Qui ? Et Quoi ?

Qui ?

- Daniel défendait la cause de son peuple : les rois, les chefs, les ancêtres et tout le peuple.

- Daniel défendait la cause des Judéens, des habitants de Jérusalem et de tout Israël.
  b.
- Daniel défendait la cause de ceux qui étaient près, c'est-à-dire les nationaux restés au pays.
  c.
- Daniel défendait la cause de ceux qui étaient loin, dispersés dans tous les pays où Dieu les avait

chassés à cause de leurs infidélités à son égard. Il s'agit de la diaspora juive de cette époque.

En gros, ce sont des opprimés que Daniel défendait.

Quoi ?

- Jérusalem devait rester en ruine pendant soixante-dix ans, selon les prophéties de Jérémie.

- Tout le peuple d'Israël (nationaux restés au pays et diaspora dispersée) était sous l'effet de la malédiction et des imprécations inscrites dans la Loi de Moïse[48], car ils avaient transgressé la Loi de L'Eternel, péché contre lui, et ils s'étaient détournés de sa voie.
   d.
- Le malheur de Jérusalem était si grand que, dans le monde, il n'y en avait jamais eu de pareil (à l'époque de Daniel). Jérusalem et son peuple étaient devenus la risée de tous ceux qui les entouraient.
   e.
- Le sanctuaire de l'Éternel avait été dévasté
   f.

Ce sont là, les éléments qui constituent la cause de Daniel, les motifs de sa prière à Dieu.

---

[48] Deutéronome 28 : 15 – 68

Daniel présenta sa requête à Dieu, ce qu'il souhaitait :

Que Dieu puisse détourner sa colère et son indignation de Jérusalem, sa ville, sa sainte montagne.

Dieu comprit que LA CAUSE de Daniel était une cause juste.

Voici ce qu'il lui donna comme réponse :

[49]*J'étais encore en train de prononcer ma prière, quand Gabriel, ce personnage mystérieux que j'avais vu dans une vision précédente, s'approcha de moi d'un vol rapide au moment de l'offrande du soir.*

Il s'entretint avec moi et me donna des explications en me disant:

Daniel, je suis venu maintenant pour t'éclairer.

Dès que tu as commencé à prier, un message a été émis, et je suis venu pour te le communiquer, car tu es bien-aimé de Dieu. Sois donc attentif à ce message et comprends cette vision.

Une période de soixante-dix septaines a été fixée pour ton peuple et pour ta ville sainte, pour mettre un terme à la révolte contre Dieu, et pour en finir avec les

---

[49] Daniel 9 : 21 – 27 version Semeur

péchés, pour expier la faute et pour instaurer une justice éternelle, pour accomplir vision et prophétie, et pour conférer l'onction au Saint des saints.

Voici donc ce que tu dois savoir et comprendre :

Depuis le moment où le décret ordonnant de restaurer et de rebâtir Jérusalem[50] a été promulgué jusqu'à l'avènement d'un chef ayant reçu l'onction, il s'écoulera sept septaines et soixante-deux septaines. La ville sera rebâtie et rétablie avec ses places et ses remparts, en des temps de détresse.

À la fin des soixante-deux septaines, un homme ayant reçu l'onction sera mis à mort, bien qu'on ne puisse rien lui reprocher. Quant à la ville et au sanctuaire, ils seront détruits par le peuple d'un chef qui viendra, mais sa fin arrivera, provoquée comme par une inondation, et jusqu'à la fin, sévirons la guerre et les dévastations qui ont été décrétées.

L'oint conclura une alliance ferme avec un grand nombre pendant une septaine et, à la moitié de la septaine, il fera cesser le sacrifice et l'offrande.

Dans le Temple sera établie l'abominable profanation, et cela durera jusqu'à ce que l'entière destruction qui a été décrétée s'abatte sur le dévastateur ».

---

[50] Références : 2 Chroniques 36 : 22-23, Esdras 1 : 1-3

Cette prière de Daniel contient plusieurs thèmes bibliques, plusieurs sujets d'exhortation et plusieurs révélations sur les temps de la fin.

Mais, je laisse la liberté au Saint-Esprit de me guider dans la sélection des éléments utiles au thème choisi dans ce livre, qui est : la cause de Daniel.

Dans ce chapitre 9, Daniel répand son cœur devant Dieu. Il porte en lui un fardeau tellement lourd, que cela le pousse au jeûne et à la prière.

Il tient une cause dans sa main et il la présente à Dieu.

Plusieurs, parmi nous, avons certainement des causes, que nous présentons régulièrement à Dieu dans nos prières.

Quelle est ta cause ?

Qu'est-ce qui te fait mal et te pousse à des moments de jeûnes et prières ?

Est-ce que c'est ta famille ?
Est-ce que c'est ton pays ?
Est-ce que c'est ton continent ?
Est-ce que c'est l'Église de Dieu ?
Est-ce que c'est un ensemble de causes ?

Pour ma part, je défends plusieurs causes :

La cause de l'Église de Dieu
La cause de mon pays, la R.D. Congo
La cause de mon continent, l'Afrique
La cause des femmes et de la jeunesse
La cause de l'éducation, une meilleure éducation
La cause de l'amour et de la paix

Peut-être que nous avons essayé de défendre ces causes de la mauvaise manière ; comme Moïse le fit la première fois, en tuant un soldat égyptien. Mais si nous voulons réussir dans nos entreprises et obtenir gain de cause, nous devons d'abord comprendre la manière dont Dieu procède.

[51]« *Vous observerez donc les paroles de cette alliance, et vous les mettrez en pratique, afin de réussir dans tout ce que vous ferez* ».

[52]« *Tout lieu que foulera la plante de votre pied, je vous le donne, comme je l'ai dit à Moïse. Vous aurez pour territoire depuis le désert et le Liban jusqu'au grand fleuve, le fleuve de l'Euphrate, tout le pays des Héthiens, et jusqu'à la grande mer vers le soleil couchant. Nul ne tiendra devant toi, tant que tu vivras.*

---

[51] Deutéronome 29 : 9 version LSG

[52] Josué 1 : 3 – 8 version LSG

Je serai avec toi, comme j'ai été avec Moïse; je ne te délaisserai point, je ne t'abandonnerai point. Fortifie-toi et prends courage, car c'est toi qui mettras ce peuple en possession du pays que j'ai juré à leurs pères de leur donner.

Fortifie-toi seulement et aie bon courage, en agissant fidèlement selon toute la loi que Moïse, mon serviteur, t'a prescrite; ne t'en détourne ni à droite ni à gauche, afin de réussir dans tout ce que tu entreprendras ».

Que ce livre de la loi ne s'éloigne point de ta bouche; médite-le jour et nuit, pour agir fidèlement selon tout ce qui y est écrit; car c'est alors que tu auras du succès dans tes entreprises, c'est alors que tu réussiras ».

Il nous est, donc, important de comprendre qu'aucun territoire, contrôlé par le prince de la puissance l'air et influencé par l'esprit qui agit maintenant dans les fils de la rébellion[53], ne peut être conquis sans l'aide de Dieu.

La plupart de visionnaires, qui ont reçu une mission importante à accomplir de la part de Dieu, ont eu un parcours peu ordinaire.

Dans le sens que, le combat spirituel commence, souvent, très tôt dans leurs vies personnelles.

Ils n'ont pas, pour la plupart, un statut social attractif.

---

[53] Éphésiens 2 : 2

Joseph était esclave, prisonnier dans un pays étranger.

David était un pauvre berger méprisé par sa famille ; ensuite il devint un fugitif, recherché par Saül pour être mis à mort.

Esther était une orpheline.

Ruth était une jeune et pauvre veuve, qui n'avait que pour seul soutien, une pauvre et vieille belle-mère, dans un pays étranger.

Daniel, quant à lui, fut esclave, déporté de son pays pour la Babylone.

Il fut également l'objet d'un complot, motivé par la jalousie ; et fut jeté dans la fosse aux lions, là où ses ennemis le plaçèrent nez à nez avec la mort.

Il n'y a rien d'attractif dans tout cela.

Pour toi qui me lis, je veux que tu saches ceci :

Dieu n'attend pas que tout soit parfait dans ta vie pour t'utiliser. Il n'a d'ailleurs pas besoin que tu sois issue d'une famille riche, ou que ton parcours soit sans faute.

Avant que la vision ne soit testée par les hommes, le visionnaire sera testé par Dieu.

Daniel fut testé dans sa foi en Dieu, et il en sortit victorieux.

Il refusa de se conformer au monde, et demeura ferme dans ses convictions.

[54]« Ne vous conformez pas au siècle présent, mais soyez transformés par le renouvellement de l'intelligence, afin que vous discerniez quelle est la volonté de Dieu, ce qui est bon, agréable et parfait ».

Voici comment Dieu procède, généralement, avec un visionnaire :

- Il le teste au niveau personnel pour connaître la disposition de son cœur, pour révéler son caractère et tester son degré d'endurance dans les épreuves.

- Il active ses dons et lui permet de les exercer auprès des autres, pendant une période déterminée.

Ce sont des opportunités d'apprentissage, d'entraînement, de développement et de perfectionnement.

Ce sont également des opportunités pour que ce visionnaire soit remarqué par des personnes

---

[54] Romains 12 : 2 version LSG

intermédiaires ou des personnes qui joueront un rôle clé dans son futur.

g.
- Lorsque Dieu comprend que le visionnaire est diligent dans sa tâche, il perturbe son « chronos » et commence à le préparer pour son « kaïros ».

Pour ce faire, il isolera le visionnaire de la foule. Il le séparera de tout ce qui ne sert pas sa cause dans la vie de ce dernier.

Dans cet isolement, le visionnaire commencera à ressentir le fardeau de Dieu, et il recevra ses instructions.

Le fardeau, c'est la cause.

Dans cette phase-ci, les visions se marient aux causes.

[55]« *Prenez mon joug sur vous et recevez mes instructions, car je suis doux et humble de cœur ; et vous trouverez du repos pour vos âmes. Car mon joug est doux, et mon fardeau est léger* ».

Le fardeau que Dieu place sur nous est léger.

Cela, parce que nous n'avons pas à manipuler, forcer ou supplier les hommes, en vue de nous aider à accomplir notre mission.

---

[55] Matthieu 11 : 29 – 30 version LSG

Dieu ouvrira, lui-même, les bonnes portes aux bons moments, et facilitera notre progrès de façon miraculeuse. Il combattra pour nous et nous garantira la victoire.

Nous n'avons qu'à croire et à obéir à ses instructions.

Si un rêve paraît trop grand, et si une mission paraît impossible aux yeux des hommes, cela n'est pas impossible à Dieu[56].

Tout est possible à celui qui croit en Dieu.

Lorsque la cause devient plus importante que toute autre chose dans notre vie, c'est alors que Dieu nous dévoile ses stratégies.

Très souvent lorsque nous défendons certaines causes, il y a des paramètres qui demeurent encore inaccessibles à notre intelligence.

Les émotions et les bonnes intentions ne suffiront pas à nous faire obtenir les résultats escomptés.

Il faut que Dieu ouvre notre intelligence spirituelle pour nous faire comprendre son point de vue, ses stratégies et ses résolutions.

---

[56] Matthieu 19 : 26

[57]« Confie-toi en l'Eternel de tout ton cœur, et ne t'appuie pas sur ta sagesse; reconnais-le dans toutes tes voies, et il aplanira tes sentiers. Ne sois point sage à tes propres yeux, Crains l'Eternel, et détourne-toi du mal : ce sera la santé pour tes muscles, et un rafraîchissement pour tes os ».

[58]« Le conseil et le succès m'appartiennent; Je suis l'intelligence, la force est à moi ».

Lorsque Daniel répandit son cœur devant Dieu, en lui présentant la cause de son peuple, Dieu envoya l'ange Gabriel auprès de Daniel afin de l'éclairer.

[59]« Il s'entretint avec moi et me donna des explications en me disant : Daniel, je suis venu maintenant pour t'éclairer ».

Dans les éclaircissements que Daniel reçut, il comprit ceci :

- Il ne pouvait pas changer le décret divin annoncé par le prophète Jérémie.

---

[57] Proverbes 3 : 5 – 8 version LSG

[58] Proverbes 8 :14 version LSG

[59] Daniel 9 : 22 version LSG

Une période de soixante-dix septaines avait été fixée pour son peuple et pour la ville sainte, pour mettre un terme à la révolte contre Dieu, et pour en finir avec les péchés, pour expier la faute et pour instaurer une justice éternelle, pour accomplir vision et prophétie, et pour conférer l'onction au Saint des saints.

La prophétie des soixante- dix septaines :

Septaine = quantité de sept choses qui forment un ensemble. Exemple : sept ans, sept jours.

La version biblique Louis Segond parle de « semaine » à la place de « septaine ».

Dans ce texte de Daniel 9, il est question d'un cycle de sept ans.

- Dieu avait un plan de restauration de la ville de Jérusalem. Dieu avait même prévu l'arrivée d'un chef ayant reçu l'onction, qui allait être utilisé pour rebâtir la ville dévastée, mais cela devait arriver après les sept septaines et soixante-deux septaines. La ville sera rebâtie et rétablie avec ses places et ses remparts, en des temps de détresse. Cet homme oint devait ensuite être mis à mort, bien qu'on ne puisse rien lui reprocher.

Il s'agit de Cyrus[60], fondateur de l'empire perse.

---

[60] Esdras 1 : 1 – 11

Esaïe a prophétisé sur la restauration de Jérusalem, mais il a également confirmé l'arrivée de Cyrus[61].

En fait, Dieu avait déjà commencé à préparer Cyrus dans l'anonymat. Les événements se mirent en place dans les coulisses et Dieu attendit le moment « fixé » pour que son oint entre en scène.

- Cyrus devait mourir, un autre devait le remplacer. Jérusalem devait être, à nouveau, détruite durant l'avènement d'un autre chef. Mais la fin de ce chef arrivera, provoquée comme par une inondation, et jusqu'à la fin, séviront la guerre et les dévastations qui ont été décrétées.

Ce nouveau « oint » qui, en réalité, est le même chef mentionné ci-haut, va conclure une alliance ferme avec un grand nombre pendant une septaine et, à la moitié de la septaine, il fera cesser le sacrifice et l'offrande. Dans le Temple, sera établie l'abominable profanation, et cela durera jusqu'à ce que l'entière destruction qui a été décrétée s'abatte sur le dévastateur.

Cette partie du message de l'ange à Daniel, est très sensible, on s'y perd quelque peu.

---

[61] Ésaïe 44 et 45

Dieu donne à Daniel des informations qui vont au-delà de ce qu'il avait souhaité connaître, dans sa plaidoirie en faveur de Jérusalem.

Ici, Dieu est en train de révéler à Daniel le futur des nations.

Il y a comme une pause dans le temps, et puis une accélération dans le futur.

La plupart des théologiens, enseignants et étudiants bibliques rapportent que ce chapitre de Daniel 9 parle de l'antéchrist (un politicien influent sortant de l'ancien empire romain) qui fera une alliance de sept ans avec le peuple de Dieu (Israël) et trahira cette alliance au bout de trois ans et demi.

Daniel annonce une guerre, qui sera stratégique pour la suite des événements. Il annonce aussi la période de la tribulation et la persécution des chrétiens. Le sujet sur l'enlèvement de l'Eglise est également effleuré dans ce chapitre.

Certains passages du nouveau testament confirment cette prophétie de Daniel.

[62]« *C'est pourquoi, lorsque vous verrez l'abomination de la désolation, dont a parlé le prophète Daniel, établie en lieu saint, que celui qui lit fasse attention !*

---

[62] Matthieu 24 : 15 – 31 version LSG

Alors, que ceux qui seront en Judée fuient dans les montagnes; que celui qui sera sur le toit ne descende pas pour prendre ce qui est dans sa maison; et que celui qui sera dans les champs ne retourne pas en arrière pour prendre son manteau. Malheur aux femmes qui seront enceintes et à celles qui allaiteront en ces jours-là! Priez pour que votre fuite n'arrive pas en hiver, ni un jour de sabbat.

Car alors, la détresse sera si grande qu'il n'y en a point eu de pareille depuis le commencement du monde jusqu'à présent, et qu'il n'y en aura jamais.

Et, si ces jours n'étaient abrégés, personne ne serait sauvé; mais, à cause des élus, ces jours seront abrégés. Si quelqu'un vous dit alors: Le Christ est ici, ou: Il est là, ne le croyez pas. Car il s'élèvera de faux Christs et de faux prophètes; ils feront de grands prodiges et des miracles, au point de séduire, s'il était possible, même les élus. Voici, je vous l'ai annoncé d'avance. Si donc on vous dit: voici, il est dans le désert, n'y allez pas; voici, il est dans les chambres, ne le croyez pas. Car, comme l'éclair part de l'orient et se montre jusqu'en occident, ainsi sera l'avènement du Fils de l'homme. En quelque lieu que soit le cadavre, là s'assembleront les aigles.

Aussitôt après ces jours de détresse, le soleil s'obscurcira, la lune ne donnera plus sa lumière, les étoiles tomberont du ciel, et les puissances des cieux seront ébranlées.

Alors le signe du Fils de l'homme paraîtra dans le ciel, toutes les tribus de la terre se lamenteront, et elles verront le Fils de l'homme venant sur les nuées du ciel avec puissance et une grande gloire.
Il enverra ses anges avec la trompette retentissante, et ils rassembleront ses élus des quatre vents, depuis une extrémité des cieux jusqu'à l'autre ».

Après cette réponse de Dieu à la prière de Daniel, les chapitres 10, 11 et 12, révèlent une continuité, dans la direction que Dieu a voulue donner à la cause de Daniel.

La cause de Daniel au départ limitée à Jérusalem, devient mondiale.

Dans sa réponse à Daniel, Dieu rassure ce dernier que la ville de Jérusalem sera rebâtie, malgré les nombreuses interruptions de sa restauration, qui auront lieu dans le futur.

Daniel obtient également un accès privilégié aux secrets de Dieu, concernant un futur lointain.

Et ça, c'est plus qu'une réponse favorable !

C'est un avantage, pour ceux qui lisent la prophétie, afin de se préparer stratégiquement, et faire face aux futurs changements.

Quelle leçon pouvons-nous tirer des explications de l'ange à Daniel ?

Les temps prophétiques dans lesquels nous sommes, ont déjà été écrits, annoncés par les prophètes, dans la Bible.

Tout ce qui se passe sur terre, à l'heure actuelle, fait partie d'un plan divin de sélection et de rédemption.

Lorsque nous prions pour nos pays, ou pour nos nations, il est nécessaire que nous considérions également le « grand plan de Dieu ». Car il ne fait rien au hasard.

Certains décrets divins sont intouchables et inchangeables.

Dieu a déjà aligné, dans son plan, les évènements qui devront se produire sur la terre, les changements politiques, les bouleversements économiques et sociaux, les guerres, les révolutions, etc.

Nous avons la possibilité de parler avec lui aujourd'hui, sans intermédiaire, et de chercher à connaître sa volonté. Mais nous avons également les prophètes.

Cela nous évitera de tomber dans le piège du désespoir, en regardant aux circonstances qui nous entourent.

Ne paniquons pas, ne cherchons pas des solutions temporaires, qui nous feront retomber dans une plus grande déprime.

Vous voulez que Dieu enlève ce tyran à la tête de votre pays ? Et, vous voulez le remplacer par un autre, qui semble vous séduire par des discours flatteurs ?

Demandez d'abord à Dieu, quel est son plan général, dans un futur proche et lointain.

J'aime la phrase de Daniel, au chapitre 9, verset 25 :

« *La ville sera rebâtie et rétablie avec ses places et ses remparts, en des temps de détresse* ».

C'est souvent dans les temps de détresse que Dieu révèle ses « pions stratégiques » : des leaders qu'il avait préparés dans l'anonymat, pour apporter des solutions à son peuple.

La plupart des « héros » de la Bible sont apparus dans les temps de famine et de détresse.

Dieu prépare des inconnus, des anonymes, des personnes dont on a jamais entendues parler, des

visionnaires qui viendront avec des solutions pour sauver, et des stratégies pour restaurer.

Ce sont des Néhémie, des bâtisseurs !

L'homme regarde à ce qui frappe les yeux, mais Dieu regarde au cœur[63].

Comme Daniel qui se présenta devant Dieu avec une cause limitée à ce qu'il voyait dans son esprit (en l'occurrence, Jérusalem), ayons l'esprit ouvert afin de laisser Dieu nous révéler les choses cachées qui enlèveront les limites de notre vision.

[64]« *La gloire de Dieu, c'est de cacher les choses ; la gloire des rois, c'est de sonder les choses* ».

---

[63] 1 Samuel 16 : 7

[64] Proverbes 25 : 2 version LSG

CHAPITRE 3 : De cause à effet

Nous avons parlé, jusque-là, des causes nobles et justes.

Nous avons mis en évidence l'aspect positif des causes.

Mais, il existe également des fausses causes, des causes négatives, que les esprits tordus défendent, afin de combattre les causes justes.

Nous vivons dans un monde, où le mal tentera toujours de combattre le bien.

Ce n'est pas pour autant, que les visionnaires doivent baisser le bras.

[65]« *Ne te laisse pas vaincre par le mal, mais surmonte le mal par le bien* ».

Toute cause produit un effet.
Tout visionnaire doit s'attendre à de l'opposition.
L'opposition, est l'effet de la confrontation entre le bien et le mal.

---

[65] Romains 12 : 21 version LSG

On parle alors de causalité : le rapport de cause à effet.

Il existe plusieurs sortes d'effets :

- Les effets matériels
- Les effets immatériels
- Les effets secondaires
- Les effets socio-économiques
- Les effets spéciaux
- Les effets littéraires
- Etc.

Dans le cadre de notre thème, la cause de Daniel, l'effet que ce dernier a connu, après avoir dévoilé sa cause dans sa prière, fut tout simplement : l'opposition par les forces du mal.

Tout message prophétique bien reçu et bien assimilé par son bénéficiaire, déclenche automatiquement une guerre sans merci.

Dieu ne donne jamais de vision à un individu, sans susciter en lui une cause.

Et, toute vision, inspirée par Dieu, rencontre une forte opposition.

Lorsque Daniel présenta sa cause devant Dieu en jeûnant et priant pendant vingt et un jours, la réponse de Dieu fut immédiate.

Mais l'ange qui transportait la réponse de Dieu, fut combattu par les forces du mal.

[66]« Il poursuivit : sois sans crainte, Daniel; car, dès le premier jour où tu as appliqué ton cœur à comprendre et à t'humilier devant ton Dieu, ta prière a été entendue; et je suis venu vers toi, en réponse à tes paroles.

Mais le chef du royaume de Perse s'est opposé à moi durant vingt et un jours. Alors Michel, l'un des principaux chefs, est venu à mon aide et je suis resté là auprès des rois de Perse.

Je suis venu pour te faire comprendre ce qui arrivera à ton peuple dans l'avenir, car c'est encore une vision qui concerne ce temps-là.

Pendant qu'il m'adressait ces paroles, je me prosternais la face contre terre et je restais muet.

Et voici qu'un personnage qui avait l'aspect d'un homme me toucha les lèvres, alors je pus de nouveau ouvrir la bouche et parler. M'adressant au personnage qui se tenait devant moi, je lui dis :

Mon seigneur, cette apparition me remplit d'angoisse au point de m'ôter toute force.

---

[66] Daniel 10 : 12 – 21 version semeur

Comment le serviteur de mon seigneur, que je suis, pourrait-il parler à mon seigneur qui m'est apparu, alors que je n'ai plus aucune force et que j'ai perdu le souffle?

Alors, celui qui avait l'aspect d'un homme me toucha et me fortifia.

Puis il me dit : sois sans crainte, homme bien-aimé de Dieu! Que la paix soit avec toi ! Fortifie-toi et prends courage!

Pendant qu'il me parlait, je repris des forces et je lui dis : Que mon seigneur parle, car tu m'as fortifié !

Il me dit : Sais-tu pourquoi je suis venu vers toi ? Je suis sur le point de m'en retourner pour combattre contre le chef de la Perse, et quand je partirai, le chef de la Grèce apparaîtra.

Mais auparavant, je vais te révéler ce qui est écrit dans le livre de vérité. Personne ne me soutient contre tous ces adversaires, excepté Michel, votre chef ».

<u>En premier lieu</u> : le message, la réponse de Dieu, la validation de la cause.

<u>En second lieu</u> : le combat, l'opposition, la lutte.

En dernier lieu : l'endurance dans le combat, l'aide divine et la victoire

Dieu libéra deux anges en faveur de Daniel, qui avaient des missions différentes.

Gabriel : c'est le premier ange qui vint vers Daniel.

Il exerce les fonctions de messager.

L'ange Gabriel est, encore mentionné dans la Bible, en train d'exercer ses fonctions de messager, auprès de Marie (la mère de Jésus) et auprès de Zacharie (le père de Jean- Baptiste).

[67]*« Au sixième mois, l'ange Gabriel fut envoyé par Dieu dans une ville de Galilée, appelée Nazareth, auprès d'une vierge fiancée à un homme de la maison de David, nommé Joseph. Le nom de la vierge était Marie. L'ange entra chez elle, et dit: Je te salue, toi à qui une grâce a été faite ; le Seigneur est avec toi. Troublée par cette parole, Marie se demandait ce que pouvait signifier une telle salutation. L'ange lui dit : Ne crains point, Marie ; car tu as trouvé grâce devant Dieu. Et voici, tu deviendras enceinte, et tu enfanteras un fils, et tu lui donneras le nom de Jésus. Il sera grand et sera appelé Fils du Très-Haut, et le Seigneur Dieu lui donnera le trône de David, son père. Il règnera sur la*

---

[67] Luc 1 : 26 – 33 version LSG

maison de Jacob éternellement, et son règne n'aura point de fin ».

[68]« Zacharie dit à l'ange : A quoi reconnaîtrai-je cela? Car je suis vieux, et ma femme est avancée en âge. L'ange lui répondit: Je suis Gabriel, je me tiens devant Dieu; j'ai été envoyé pour te parler, et pour t'annoncer cette bonne nouvelle. Et voici, tu seras muet, et tu ne pourras parler jusqu'au jour où ces choses arriveront, parce que tu n'as pas cru à mes paroles, qui s'accompliront en leur temps ».

[69]"Et j'entendis la voix d'un homme au milieu de l'Ulaï; il cria et dit: Gabriel, explique-lui la vision ».

Michaël, (Micaël ou Michel) : c'est le deuxième ange qui intervint en faveur de Daniel.

Michaël exerce les fonctions d'ange guerrier, il mène les combats au front, en faveur des enfants de Dieu.

La Bible considère l'ange Michaël comme un chef, un archange, un défenseur redoutable qui intervient souvent dans les situations de détresse.

---

[68] Luc 1 : 18 – 20 version LSG

[69] Daniel 8: 16 version LSG

Michael est à la tête d'une armée d'anges.

[70]« *En ce temps-là se lèvera Micaël, le grand chef, le défenseur des enfants de ton peuple; et ce sera une époque de détresse, telle qu'il n'y en a point eu de semblable depuis que les nations existent jusqu'à cette époque. En ce temps-là, ceux de ton peuple qui seront trouvés inscrits dans le livre seront sauvés* ».

[71]« *Or, l'archange Michel, lorsqu'il contestait avec le diable et lui disputait le corps de Moïse, n'osa pas porter contre lui un jugement injurieux, mais il dit : Que le Seigneur te réprime !* »

Dans les temps de la fin, et dans les grandes guerres spirituelles qui se dérouleront entre les forces du bien et celles du mal, Michael et ses anges joueront un rôle prépondérant.

Bien entendu, Jésus-Christ, le Chef de l'armée de l'Éternel, le Lion de la tribu de Juda, guidera les batailles. Il sera la tête de commandement des opérations, dans la bataille de l'Harmaguédon[72].

---

[70] Daniel 12 : 1 version LSG

[71] Jude 1 : 9 version LSG

[72] Apocalypse 16 : 16

[73]« *Et il y eut guerre dans le ciel. Michel et ses anges combattirent contre le dragon. Et le dragon et ses anges combattirent, mais ils ne furent pas les plus forts, et leur place ne fut plus trouvée dans le ciel. Et il fut précipité, le grand dragon, le serpent ancien, appelé le diable et Satan, celui qui séduit toute la terre, il fut précipité sur la terre, et ses anges furent précipités avec lui. Et j'entendis dans le ciel une voix forte qui disait : Maintenant le salut est arrivé, et la puissance, et le règne de notre Dieu, et l'autorité de son Christ; car il a été précipité, l'accusateur de nos frères, celui qui les accusait devant notre Dieu jour et nuit. Ils l'ont vaincu à cause du sang de l'agneau et à cause de la parole de leur témoignage, et ils n'ont pas aimé leur vie jusqu'à craindre la mort. C'est pourquoi réjouissez-vous, cieux, et vous qui habitez dans les cieux. Malheur à la terre et à la mer! Car le diable est descendu vers vous, animé d'une grande colère, sachant qu'il a peu de temps* ».

Le ministère des anges existe, et il est puissant.

Cette réalité spirituelle ne devrait pas nous effrayer.

Dieu ouvre les yeux, à certains parmi nous, pour voir les anges à l'œuvre.

Nous n'avons pas reçu la permission, de la part de Dieu, de nous adresser directement aux anges.

---

[73] Apocalypse 12 : 7 – 12 version LSG

Mais nous pouvons prier, et demander à Dieu de les libérer en notre faveur, pour des missions diverses.

[74]« Et auquel des anges a-t-il jamais dit : assieds-toi à ma droite, jusqu'à ce que je fasse de tes ennemis ton marchepied ? Ne sont-ils pas tous des esprits au service de Dieu, envoyés pour exercer un ministère en faveur de ceux qui doivent hériter du salut ? »

Il est utile de comprendre, que les événements auxquels nous faisons face, actuellement, dans les nations, a dépassé le stade de simples conflits politiques.

L'aspect spirituel a pris le dessus.

Les gens tuent maintenant au nom de leurs dieux, ils s'entraînent dans les camps militaires, avec la bénédiction de leurs gurus spirituels, qui récitent des prières et exhortent les militaires.

Les forces engagées dans les attaques terroristes, dans les rebellions et dans les conflits divers auxquels nous sommes confrontés, puisent leurs forces dans des convictions spirituelles erronées, mais dévastatrices.

---

[74] Hébreux 1 : 13 – 14 version LSG

[75]« *Et je vis sortir de la bouche du dragon, et de la bouche de la bête, et de la bouche du faux prophète, trois esprits impurs, semblables à des grenouilles. Car ce sont des esprits de démons, qui font des prodiges, et qui vont vers les rois de toute la terre, afin de les rassembler pour le combat du grand jour du Dieu Tout-puissant* ».

Quelques jours après que la ville de Paris ait été attaquée par les terroristes, en Novembre 2015, le Seigneur me permit de voir le combat spirituel qui régnait sur la ville, à travers une sorte d'image flash dans mon esprit.

Je vis un soldat portant une tenue militaire complète ressemblant à l'ancienne armure romaine du temps de César. Cette tenue brillait de mille feux ; tout était en or, du casque aux sandales que ce militaire portait.

Il avait dans sa main une grande épée et il se tenait en position de guet, au-dessus d'une sorte de tour, dont la vue donnait sur toute la ville de Paris. Il était seul mais semblait préparé, expérimenté.

Puis je vis une autre image : un mort calciné dans un cercueil, une sorte de momie[76] *toute noire. Cette*

---

[75] Apocalypse 16 : 13 – 14 version LSG

[76] Le dictionnaire français Larousse définit le terme « momie » comme étant un cadavre conservé au moyen de matières balsamiques ou de l'embaumement. Exemple : momies égyptiennes.

momie cherchait à sortir du cercueil pour agir, elle tentait de se lever.

Mais à chaque fois que le soldat à la tenue dorée, se levait de sa tour et jetait son regard sur la ville, la momie se cachait et reprenait sa position initiale, elle faisait le mort.

J'ai tout de suite compris, que l'atmosphère spirituelle au-dessus de la France était saturée ; un combat vif s'était engagé entre les forces divines et les forces démoniaques.

Chaque ville a un ange de Dieu, assigné à sa protection.

Dans le livre de l'Apocalypse, lorsque l'Apôtre Jean écrivit aux sept églises, il commença ses lettres en disant :

Par exemple

« *Écris à l'ange de l'Eglise d'Ephèse…* »

L'Église représente un ensemble de personnes unies par un même esprit, en Christ.

Ce sont les chrétiens, toutes races et tendances politiques confondues.

Dans chaque ville, il y a une église du Seigneur. Donc, cette église représente la ville.

Dans les Églises de chaque ville, nous trouvons des intercesseurs, des hommes et des femmes qui élèvent leur voix en faveur de la ville, où ils résident.

Et Dieu répond aux prières de ces hommes et femmes de foi.

[77] « Quand un malheureux crie, l'Éternel entend, et il le sauve de toutes ses détresses. L'ange de l'Éternel campe autour de ceux qui le craignent, et il les arrache au danger. Sentez et voyez combien l'Eternel est bon ! Heureux l'homme qui cherche en lui son refuge ! ».

Nous ne pouvons plus faire de la politique, sans une intelligence spirituelle.

Comme Daniel, j'avais présenté ma cause à Dieu, en faveur de mon pays d'origine, la République Démocratique du Congo.

J'étais limitée dans ma perspective, quoique remplie de bonnes intentions.

---

[77] Psaume 34 : 6 – 8 version LSG

Mais, lorsque Dieu me répondit, il m'éclaira sur la situation prévalant dans mon pays.

Il commença d'abord par enlever les écailles sur mes yeux, il se mit à détruire les barrières de mon intelligence humaine, qui limitaient ma compréhension.

C'est plutôt le tableau des nations, qu'il mit devant moi, plus précisément celui de l'Afrique.

Dieu me fit comprendre, que désormais sur cette terre, il y aura une rivalité sans précédent entre deux camps opposés : celui du bien et celui du mal.

J'entendis une phrase dans mon esprit (et c'était en anglais) :
« 54 countries, rivals will be on fire ».

Traduction française: 54 pays, les rivaux seront en feu.

Il y aura, précisément, une rivalité entre deux grandes religions.

Certaines nations africaines seront contraintes à faire allégeance à des coalitions militaires mondiales, dont les fondations spirituelles reposent sur les deux religions rivales.

Les mouvements sont déjà en train de se faire.
C'est maintenant qu'il faut choisir son camp et protéger les frontières.

Cela devra passer également par des grands changements politiques, surtout dans la région des grands lacs.

J'ai commencé à recevoir, petit à petit, des révélations sur d'autres pays, sur les jours à venir, sur les temps de la fin.

Certaines images m'ont effrayée.

J'ai paniqué, en me disant qu'il n'y aura aucune sécurité, nulle part sur cette terre.

Mais le Seigneur m'a rassuré.

Il m'a inspiré une vision, que j'ai écrite dans différents documents, à remettre à différentes parties concernées.

J'ai également écrit un livre, qui reprend juste un angle bien précis, de ladite vision concernant mon pays, la R.D.Congo.

Tout ce que Dieu nous montre, n'est pas à dévoiler précipitamment, et à tous.

Il y a des moments, où Dieu nous recommande de garder les révélations secrètes.

⁷⁸« *Toi, Daniel, tiens secrètes ces paroles, et scelle le livre jusqu'au temps de la fin. Plusieurs alors le liront, et la connaissance augmentera* ».

⁷⁹« *Et la vision des soirs et des matins, dont il s'agit, est véritable. Pour toi, tiens secrète cette vision, car elle se rapporte à des temps éloignés. Moi, Daniel, je fus plusieurs jours languissant et malade; puis je me levai, et je m'occupai des affaires du roi. J'étais étonné de la vision, et personne n'en eut connaissance* ».

Et d'autres moments, où il demande de les révéler, car le temps de leur accomplissement est proche.

⁸⁰« *Et il me dit : ne scelle point les paroles de la prophétie de ce livre. Car le temps est proche* ».

De nos jours, les stratégies géopolitiques, les alliances militaires qui sont en train de se mettre en place, ont été prophétisées d'avance par Daniel.

---

⁷⁸ Daniel 12 : 4 version LSG

⁷⁹ Daniel 8 : 26 – 27 version LSG
⁸⁰ Apocalypse 22 : 10 version LSG

Daniel a également prophétisé, sur la guerre des religions que nous voyons se manifester au grand jour[81].

Nous ne pouvons plus nous permettre de jouer aux intellectuels, et d'avoir honte de nos croyances spirituelles.

Les ennemis de la paix n'ont pas honte de leurs croyances spirituelles.

L'Église a été séparée de l'État, dans plusieurs nations du monde, pour des raisons valides.

Nous avons négligé la Bible.
Nous avons eu honte de nos prophètes et de nos pasteurs.

Mais, la religion rivale a rattrapée les populations dans les rues, dans les cités, et dans les cercles fermés, pour les radicaliser.

L'État est complètement dépassé.

Je dis : remettez les prophètes au front.

Que ce soit à l'époque de David, ou celle de Josué, et bien d'autres leaders des temps bibliques, lorsque le

---

[81] Références : Daniel 2 et Daniel 7

peuple d'Israël sortait pour combattre, les soldats étaient accompagnés des sacrificateurs.

Les prophètes étaient toujours consultés, afin de recevoir les stratégies divines pour les batailles.

Raison pour laquelle, le roi David s'écrie : « *ne touchez pas à mes oints, ne faites pas de mal à mes prophètes* »[82].

David avait établi des sacrificateurs, devant le tabernacle de l'Éternel, pour qu'ils offrissent continuellement à l'Éternel des holocaustes, matin et soir, sur l'autel ; les autres sacrificateurs furent chargés de l'adoration et de la louange à Dieu.

Il demanda à ses soldats de constituer une ceinture de sécurité autour des sacrificateurs et des prophètes, car ces derniers n'étaient pas armés physiquement, mais ils faisaient partie de l'armée, leurs instructions étaient très importantes pour gagner les batailles.

David apprit, très tôt dans sa jeunesse, l'importance du partenariat avec Dieu, dans les batailles (petites et grandes).

Lorsqu'il s'avança vers Goliath, le géant philistin, ce dernier était en train de faire des incantations,

---

[82] 1 Chroniques 16 : 22 version LSG

d'invoquer ses dieux païens et d'insulter le dieu d'Israël.

[83] « Le philistin dit à David : suis-je un chien, pour que tu viennes à moi, avec des bâtons ? Et après l'avoir maudit par ses dieux, il ajouta : viens vers moi et je donnerais ta chair aux oiseaux du ciel et aux bêtes des champs ».

David, à son tour, invoqua son Dieu et se précipita sur Goliath avec une autorité prophétique, qui se dégageait de ses paroles.

[84] « David dit au philistin : tu marches contre moi avec l'épée, la lance et le javelot ; et moi, je marche contre toi au nom de l'Éternel des armées, du Dieu de l'armée d'Israël que tu as insultée. Aujourd'hui l'Éternel te livrera entre mes mains, je t'abattrai et je te couperai la tête ; aujourd'hui je donnerai les cadavres du camp des philistins aux oiseaux du ciel et aux animaux de la terre. Et toute la terre saura qu'Israël a un Dieu ».

La guerre est déjà à nos portes.

---

[83] 1 Samuel 17 : 43 – 44 version LSG

[84] 1 Samuel 17 : 45 – 46 version LSG

Les manigances politiques ne pourront plus, à elles seules, changer le cours de certains événements.

La nation qui se confie en Dieu, doit aller avec Dieu dans ses combats, mais également avec ses prophètes (ses vrais prophètes).

[85]« Voici tu appelleras des nations que tu ne connais pas, et les nations qui ne te connaissent pas accourront vers toi, à cause de l'Éternel, ton Dieu, du Saint d'Israël qui te glorifie ».

[86]« L'Éternel fait entendre sa voix devant son armée; car son camp est immense, et l'exécuteur de sa parole est puissant; car le jour de l'Éternel est grand, il est terrible: qui pourra le soutenir ? ».

Les alliances stratégiques et les coalitions militaires sont en train de se créer sous nos yeux.

La plupart de grandes puissances mondiales se préparent à aller en guerre.

Rien n'est permanent dans la vie !
Seul le changement est constant.

---

[85] Ésaïe 55 : 5 version LSG

[86] Joël 2 : 11 version LSG

Les positions, des uns et des autres, peuvent vite changer.

La dynamique actuelle de la géopolitique est également en train de changer.

Les alliances se font et se défont.

Les alliés d'hier peuvent devenir les ennemis d'aujourd'hui, et vice versa.

Le meilleur allié pour les visionnaires, inspirés par Dieu, c'est Dieu lui-même.

Car, il révèle les meilleures stratégies politiques, au regard de la situation dans les nations.

Ces stratégies ne tiennent pas compte seulement du présent, mais elles tiennent surtout compte du futur que, beaucoup ignorent.

Ce futur nous est révélé, à travers l'intelligence prophétique, comme celle de Daniel.

Dieu cherche des hommes et des femmes, qui défendront la cause, sans craindre les effets.

[87]*« Je cherche parmi eux un homme qui élève un mur, qui se tienne à la brèche devant moi en faveur du pays,*

---

[87] Ezéchiel 22 : 30 version LSG

afin que je ne le détruise pas ; mais je n'en trouve pas ».

« Parmi eux », ici l'allusion est faite aux personnes citées dans les versets précédents :

- Les sacrificateurs qui violent la loi.
- Les chefs qui déchirent comme des loups et répandent le sang.
- Les prophètes qui disent des mensonges, conspirent et dévorent les âmes.

Dieu compare tout ce monde à des scories[88] d'argent.

C'est à cause de la mauvaise gouvernance de certains leaders, que nos pays connaissent le malheur.

Ils ont défendu les mauvaises causes : la cause de leurs ventres et la cause des plans diaboliques, qui leur ont été soumis par des instigateurs plus ou moins connus.

Toute cause produit un effet. Il n'y a pas de fumée sans feu.

Nous subissons, aujourd'hui, les effets de guerre, de crise socioéconomique et de cacophonie politique.

---

[88] Scorie : sous-produit de l'élaboration métallurgique. C'est une partie inutile, sans valeur, c'est un déchet.

Mais il faudrait que des visionnaires se lèvent, pour défendre les bonnes causes.

Pour arriver à l'effet voulu, il faut une vision, une stratégie.

[89]« *J'étais encore en train de prononcer ma prière, quand Gabriel, ce personnage mystérieux que j'avais vu dans une vision précédente, s'approcha de moi d'un vol rapide au moment de l'offrande du soir. Il s'entretint avec moi et me donna des explications en me disant : Daniel, je suis venu maintenant pour t'éclairer. Dès que tu as commencé à prier, un message a été émis, et je suis venu pour te le communiquer, car tu es bien-aimé de Dieu. Sois donc attentif à ce message et comprends cette vision* ».

La version biblique Louis Segond du verset 23 dit : *Sois attentif à la parole, et comprends la vision !*

C'est dans la vision que se trouve la solution.

La vision ne vient pas de nos expériences ou de nos compétences (de notre bâton), elle vient de Dieu.

Daniel reçut la vision de la part du messager de Dieu, l'ange Gabriel.

---

[89] Daniel 9 : 21 – 23 version Semeur

Et à travers cette vision, il sut exactement ce qui arrivera, dans un futur proche.

Le bon visionnaire est celui qui écoute Dieu, car il n'y a pas de meilleur informateur que le Saint-Esprit.

[90]« A cause de cela, moi Paul, le prisonnier de Christ pour vous païens. Si du moins vous avez appris quelle est la dispensation de la grâce de Dieu, qui m'a été donnée pour vous. C'est par révélation que j'ai eu connaissance du mystère sur lequel je viens d'écrire en peu de mots. En les lisant, vous pouvez vous représenter l'intelligence que j'ai du mystère de Christ. Il n'a pas été manifesté aux fils des hommes dans les autres générations, comme il a été révélé maintenant par l'Esprit aux saints apôtres et prophètes de Christ ».

Qui écoutes-tu ?

Dans le chapitre 9 de Daniel, nous voyons que ce dernier fit référence aux livres des prophètes.
Il cita même le prophète Jérémie.

Il crut aux paroles prophétiques, reprises dans le livre des chroniques, d'Esdras et celui d'Ésaïe.

Jésus-Christ lui-même, dans Matthieu 24, fit référence au livre de Daniel, à ses prophéties.

---

[90] Ephésiens 3 : 1 – 5 version LSG

C'est une sorte de chaîne prophétique, qui se supporte et se prolonge dans les différentes époques.

Daniel fut lui-même prophète, mais il reçut des révélations complémentaires de la part de Dieu.

Daniel ne méprisa pas les prophéties des autres instruments utilisés par Dieu, avant lui, voire pendant son époque.

[91]« ... Confiez-vous en l'Éternel, votre Dieu, et vous serez affermis ; confiez-vous en ses prophètes, et vous réussirez ».

Le diable sait que les visionnaires doivent être à l'écoute de Dieu et de ses prophètes.

Raison pour laquelle, il a infecté l'Église de Dieu avec des enchanteurs, des faux apôtres, des faux docteurs, des faux pasteurs.

Cela, afin que le peuple soit dégouté par l'Église et décide de n'écouter personne.

En créant l'amalgame, l'ennemi a ainsi réussi à paralyser les visionnaires, et à retarder l'effet du changement tant désiré.

---

[91] 2 Chroniques 20 : 20 version LSG

Ressaisissons-nous !

Dans la nouvelle dispensation de l'Église, Dieu parle directement à chacun de nous à travers son Saint-Esprit ; et il nous est même recommandé de cultiver une relation personnelle et intime avec le Seigneur.

Il n'empêche que, les prophètes ont encore un rôle très important à jouer.

Il y a des secrets, des réalités spirituelles et des révélations tellement sensibles, que Dieu ne confiera pas cela à « Monsieur et Madame tout le monde ».

Oui, Joël 2 : 28 - 29 nous dit que Dieu répandra de son Esprit sur toute chair; les personnes ordinaires prophétiseront et auront des visions, les vieillards auront des songes.

Mais plusieurs, parmi ces personnes, reçoivent des messages prophétiques de la part de Dieu, sans savoir quoi en faire.

Les prophètes sont là pour donner la direction à ceux qui ont été choisis par Dieu, pour des temps comme ceux que nous vivons.

Ils ont spécialement été entraînés par Dieu, à comprendre les mystères cachés des choses et des événements, à interpréter les rêves.

Les vrais prophètes guident, tandis que les enchanteurs prophétiques contrôlent.

Il est important de faire cette différence, et discerner qui est qui.

J'ai personnellement reçu de la part de Dieu, une vision, des instructions, des révélations.

Mais Dieu a placé, dans ma vie, des vrais prophètes qui m'apportent la confirmation et la direction nécessaire pour avancer dans la vision.

Les prophètes Samuel, Nathan, Gad étaient personnellement attachés à la destinée du roi David.

Et pourtant, David lui-même parlait à Dieu et recevait des instructions directes de sa part.

Dieu n'a pas attendu la permission des prophètes pour choisir David comme roi ; il a vu son cœur avant que les prophètes ne soient informés du choix de Dieu.

Les prophètes agissent comme des conseillers spéciaux, auprès de ceux qui ont été choisis par Dieu.

Ils sont des sentinelles et en même temps des correcteurs.

[92]« Soixante-dix semaines ont été fixées sur ton peuple et sur ta ville sainte, pour faire cesser les transgressions et mettre fin aux péchés, pour expier l'iniquité et amener la justice éternelle, pour sceller la vision et le prophète, et pour oindre le Saint des saints ».

La vision s'accompagne, donc, de la parole du prophète.

La parole du prophète = le Saint-Esprit à travers toi, moi ; mais également à travers « les prophètes authentiques » de Dieu.

Le mot « prophète » ne devrait pas nous sembler mystérieux, ni nous intimider.

Le monde a aussi ses prophètes, qui utilisent l'intelligence naturelle, et divers moyens technologiques pour prédire les événements futurs.

Les « prophètes » du monde sont des experts qui travaillent dans les services secrets, dans la police, dans les think tank[93], dans les différentes organisations publiques et privées.

---

[92] Daniel 9 : 24 version LSG

[93] Un think tank est une structure indépendante, une organisation privée constituée d'experts qui sont pour mission de conseiller les pouvoirs publics. C'est un laboratoire d'idées qui fournit des résultats d'études et des solutions aux problèmes complexes.

Mais leur intelligence est limitée, car aucun homme ne peut se comparer à Dieu.

Exemple :

Daniel, donna une interprétation du rêve de Nabuchodonosor, qui annonçait l'émergence des quatre plus grands empires de l'histoire.

Aucun parmi, ceux qui entouraient le roi (astrologues, magiciens, devins, etc) ne fut capable de révéler ces choses, hormis Daniel.

Daniel 2 : 1 – 49, la Bible du Semeur (BDS)

« La seconde année du règne de Nabuchodonosor, le roi fit un rêve qui le troubla au point qu'il en perdit le sommeil.

Il ordonna de convoquer les mages, les magiciens, les devins et les astrologues pour qu'ils lui révèlent ses rêves. Ils vinrent et se tinrent devant le roi.

Celui-ci leur dit : j'ai fait un rêve et mon esprit est tourmenté par le désir de savoir ce que c'était.

Les astrologues dirent au roi en langue araméenne : que le roi vive éternellement! Raconte le rêve à tes serviteurs, et nous t'en donnerons l'interprétation.

Le roi répondit aux astrologues : ma décision est ferme: si vous ne me révélez pas le contenu du rêve et son *interprétation, vous serez mis en pièces et vos maisons seront réduites en tas de décombres. Mais si vous me les révélez, je vous comblerai de cadeaux, de dons et de grands honneurs. Exposez-moi donc mon rêve et ce qu'il signifie.*

Ils dirent pour la seconde fois au roi : que Sa Majesté raconte le rêve à ses serviteurs, et nous lui en donnerons l'interprétation.

Le roi rétorqua : je vois ce qu'il en est: il est clair que vous cherchez à gagner du temps parce que vous avez compris que ma décision est fermement arrêtée.

Si vous ne me faites pas connaître le rêve, une seule et même sentence vous frappera. Vous vous êtes mis d'accord pour me débiter quelque discours mensonger et trompeur en espérant qu'avec le temps la situation changera. C'est pourquoi, dites-moi ce que j'ai rêvé et je saurai que vous êtes aussi capables de m'en donner l'interprétation.

Les astrologues reprirent la parole devant le roi et dirent : il n'est personne au monde qui puisse faire connaître à Sa Majesté ce qu'elle demande. Aussi, jamais roi, si grand et si puissant qu'il ait été, n'a exigé pareille chose d'aucun mage, magicien ou astrologue.

Ce que le roi demande est trop difficile et il n'y a personne qui soit capable de révéler cette chose au roi, excepté les dieux, mais eux, ils n'habitent pas parmi les mortels.

Là-dessus le roi s'irrita et entra dans une colère violente. Il ordonna de mettre à mort tous les sages de Babylone.

Lorsque le décret de tuer les sages fut publié, on rechercha aussi Daniel et ses compagnons pour les mettre à mort.

Alors Daniel s'adressa avec sagesse et tact à Aryok, le chef des bourreaux du roi, qui s'apprêtait à tuer les sages de Babylone.

Il demanda à Aryok, l'officier du roi : pourquoi le roi a-t-il promulgué une si terrible sentence? Alors Aryok lui exposa l'affaire.
Daniel se rendit auprès du roi et le pria de lui accorder un délai, en lui disant qu'il lui ferait alors connaître l'interprétation demandée.

Puis il rentra chez lui et informa ses compagnons Hanania, Michaël et Azaria de ce qui s'était passé, en leur demandant de supplier le Dieu des cieux que, dans sa grâce, il leur révèle ce secret afin qu'on ne le fasse pas périr, ses compagnons et lui, avec le reste des sages de Babylone.

Au cours de la nuit, dans une vision, le secret fut révélé à Daniel. Alors celui-ci loua le Dieu des cieux :

Il dit :

Loué soit Dieu dès maintenant et à toujours, car à lui appartiennent la sagesse et la force.
Il fait changer les temps et modifie les circonstances,

*Il renverse les rois et élève les rois,
Il donne la sagesse aux sages et, à ceux qui savent comprendre, il accorde la connaissance.*

*Il dévoile des choses profondes et secrètes,
Il sait ce qu'il y a dans les ténèbres, et la lumière brille auprès de lui.*

C'est toi, Dieu de mes pères, que je célèbre et que je loue, tu m'as rempli de sagesse et de force et tu m'as fait connaître ce que nous t'avons demandé, tu nous as révélé ce que le roi demande.

Après cela, Daniel alla trouver Aryok, que le roi avait chargé de faire périr les sages de Babylone et il lui dit : ne fais pas mourir les sages de Babylone. Introduis-moi en présence du roi et je lui révélerai l'interprétation de son rêve.

Alors Aryok s'empressa d'introduire Daniel auprès du roi et dit à celui-ci : j'ai trouvé parmi les déportés de Juda un homme qui donnera à Sa Majesté l'interprétation de son rêve.

Le roi s'adressa à Daniel, surnommé Beltchatsar, et lui demanda : es-tu vraiment capable de me révéler le rêve que j'ai eu et de m'en donner l'interprétation?

Daniel s'adressa au roi et lui dit : le secret que sa Majesté demande, aucun sage, aucun magicien, aucun mage, aucun enchanteur n'est capable de le lui faire connaître.

Mais il y a, dans le ciel, un Dieu qui révèle les secrets; et il a fait savoir au roi Nabuchodonosor ce qui doit arriver dans les temps à venir.

Eh bien, voici ce que tu as rêvé et quelles sont les visions que tu as eues sur ton lit : pendant que tu étais couché, ô roi, tu t'es mis à penser à l'avenir. Alors celui qui révèle les secrets t'a fait connaître ce qui doit arriver.

Quant à moi, ce n'est pas parce que je posséderais une sagesse supérieure à celle de tous les autres hommes que ce secret m'a été révélé, mais c'est afin que l'interprétation en soit donnée au roi et que tu comprennes ce qui préoccupe ton cœur.

Voici donc, ô roi, la vision que tu as eue: tu as vu une grande statue. Cette statue était immense, et d'une beauté éblouissante. Elle était dressée devant toi et son aspect était terrifiant.

La tête de cette statue était en or pur, la poitrine et les bras en argent, le ventre et les hanches en bronze, les jambes en fer, les pieds partiellement en fer et partiellement en argile.

Pendant que tu étais plongé dans ta contemplation, une pierre se détacha sans l'intervention d'aucune main, vint heurter la statue au niveau de ses pieds de fer et d'argile, et les pulvérisa.

Du même coup furent réduits ensemble en poussière le fer, l'argile, le bronze, l'argent et l'or, et ils devinrent comme la balle de blé qui s'envole de l'aire durant la moisson; le vent les emporta sans en laisser la moindre trace. Quant à la pierre qui avait heurté la statue, elle devint une immense montagne et remplit toute la terre.

Voilà ton rêve. Quant à ce qu'il signifie, nous allons l'exposer au roi.

Toi, ô roi, tu es le roi des rois, à qui le Dieu des cieux a donné la royauté, la puissance, la force et la gloire. Dieu a placé sous ton autorité les hommes, les bêtes sauvages et les oiseaux en quelque lieu qu'ils habitent. Il t'a donné la domination sur eux tous. C'est toi qui es la tête d'or.

Après toi surgira un autre empire, moins puissant que le tien, puis un troisième représenté par le bronze, qui dominera toute la terre.

Un quatrième royaume lui succédera, il sera dur comme le fer; comme le fer pulvérise et écrase tout et le met en pièces, ainsi il pulvérisera et mettra en pièces tous les autres royaumes.

Et si tu as vu les pieds et les orteils partiellement en argile et partiellement en fer, cela signifie que ce sera un royaume divisé; il y aura en lui quelque chose de la dureté du fer, selon que tu as vu le fer mêlé à la terre cuite.

Mais comme les orteils des pieds étaient en partie de fer et en partie d'argile, ce royaume sera en partie fort et en partie fragile.

Que tu aies vu le fer mêlé de terre cuite, cela signifie que les hommes chercheront à s'unir par des alliances, mais ils ne tiendront pas ensemble, pas plus que le fer ne tient à l'argile.

à l'époque de ces rois-là, le Dieu des cieux suscitera un royaume qui ne sera jamais détruit et dont la souveraineté ne passera pas à un autre peuple; il pulvérisera tous ces royaumes-là et mettra un terme à leur existence, mais lui-même subsistera éternellement.

C'est ce que représente la pierre que tu as vue se détacher de la montagne sans l'intervention d'aucune main humaine pour venir pulvériser le fer, le bronze, l'argile, l'argent et l'or. Le grand Dieu a révélé au roi ce qui arrivera dans l'avenir. Ce qu'annonce le rêve est chose certaine, et son interprétation est authentique.

Alors le roi Nabuchodonosor se jeta la face contre terre et se prosterna devant Daniel, il ordonna de lui offrir des offrandes et des parfums.

Puis il lui déclara : il est bien vrai que votre Dieu est le Dieu des dieux, le souverain des rois et celui qui révèle les secrets, puisque tu as pu me dévoiler ce secret.

Le roi éleva Daniel à une haute position et lui donna de nombreux et riches présents; il le nomma gouverneur de toute la province de Babylone et l'institua chef suprême de tous les sages de Babylone.

À la demande de Daniel, le roi confia l'administration de la province de Babylone à Chadrak, Méchak et Abed-Nego, et Daniel lui-même demeura à la cour du roi ».

Les visionnaires doivent également avoir de la discipline, se mettre à part, et ne pas suivre tous les mouvements de la foule.

Ce n'est pas parce que les gens partagent votre cause, qu'ils voient forcément ce que vous voyez, ou qu'ils reçoivent également ce que vous recevez comme révélations ou stratégies de la part de Dieu.

Il est parfois nécessaire, pour un visionnaire, de prendre de l'avance sur ses contemporains ; ce dernier ne devrait pas hésiter à se lever le premier avec des propositions authentiques, qui semblent à première vue, « bizarres ».

N'ayez pas peur d'être incompris ou critiqué !

[94]« *En ces jours-là, moi, Daniel, je fus plongé dans le deuil durant trois semaines entières.*

Je ne touchai à aucun mets délicat; je ne pris ni viande, ni vin, et je ne me frottai d'aucune huile parfumée pendant ces trois semaines.

Le vingt-quatrième jour du premier mois, je me trouvai sur la rive du grand fleuve, le Tigre.

Je levai les yeux, et j'aperçus un homme vêtu d'habits de lin qui portait une ceinture d'or d'Ouphaz autour des reins.

Son corps luisait comme de la Topaze, son visage flamboyait comme l'éclair, ses yeux étaient pareils à des flammes ardentes, ses bras et ses pieds avaient

---

[94] Daniel 10 : 2 – 7 version Semeur

l'éclat du bronze poli. Quand il parlait, le son de sa voix retentissait comme le bruit d'une grande foule.

Moi, Daniel, je fus seul à voir cette apparition, les gens qui étaient avec moi ne la virent pas, ils furent soudain saisis d'une grande frayeur et coururent se cacher ».

Lorsqu'un visionnaire se lève pour parler de sa vision, il faut s'attendre à ce que plusieurs redoutent le pire ou l'échec.

L'adhésion ne sera pas toujours immédiate, cela ne doit pas décourager le visionnaire.

Le visionnaire et ses co-visionnaires

Un visionnaire peut se lancer seul, mais il ne marche pas seul.

Au fur et à mesure qu'il avance dans le plan de Dieu, ce dernier lui envoie des co-visionnaires, des compagnons d'armes et de lutte.

Lorsque Néhémie reçut la mission de la part de Dieu, de reconstruire la muraille de Jérusalem, il prit le temps de méditer seul là-dessus, d'entreprendre les premières démarches auprès du roi Artaxerxés et de se rendre auprès des gouverneurs de l'autre côté du fleuve, avant d'inviter d'autres personnes à le joindre[95].

Pour le cas de Daniel, nous constatons qu'il avait dès le départ des amis proches qui soutenaient toutes ses initiatives et décisions :

Schadrac, Méschac, et Abed-Nego.

Parmi les déportés de Babylone, il y eut plusieurs fils et filles de Juda.

Mais Daniel s'attacha à ceux qui avaient décidé, comme lui, de ne pas se souiller par les mets et le vin du roi.

Le cercle des visionnaires est un petit cercle ; il se réduit avec le temps, au fil des épreuves.

Certains se disqualifient eux-mêmes, car ils aiment « les mets et le vin du roi » servis sur la table de la corruption.

---

[95] Néhémie 2 : 1 – 18

Ils n'ont pas de cause commune à défendre, ils ne pensent qu'à eux et aux intérêts de leurs familles directes.

Daniel avait compris qu'il ne pouvait pas marcher avec tout le monde.

Il y a des moments, où le visionnaire sera obligé de se détacher, quelque peu, de ses co-visionnaires pour accomplir des actions en solo.

Dans la suite de l'histoire de Daniel, à partir du quatrième chapitre, nous n'entendons plus parler de Schadrac, Méschac, et Abed-Nego.

Ces derniers n'étaient pas, non plus, présents avec Daniel dans son expérience de la fosse aux lions.

Ils avaient passé leur test de foi et de loyauté à Dieu, dans la fournaise ardente. Et après cela, on ne les vit plus apparaître dans le livre de Daniel.

Il existe des niveaux, des dimensions où même les plus fidèles ne sauront pas suivre le visionnaire.

Les risques à prendre, les échecs, les difficultés, les épreuves, les oppositions sont des facteurs de disqualification ou de sélection.

Chaque visionnaire doit garder à l'esprit que la cause est plus grande que la déception.

Tous ceux qui nous lâchent ne sont pas forcément mauvais, ni des traîtres.

Et, tous ceux qui nous sont fidèles dans la poursuite de la vision, ne sont pas forcément des saints, ni des personnes aux motivations pures.

C'est Dieu qui sélectionne, il permet certaines connexions et déconnexions.

Que cela ne nous décourage pas !

Gardons les yeux fixés sur la cause et oublions les effets négatifs !

Les vraies visions inspirées par Dieu et basées sur des causes justes, produisent également des effets accélérateurs.

[96]En économie, l'effet accélérateur fait allusion à un effet d'entraînement réciproque entre la croissance de la demande et de celle de l'investissement productif.

L'effet accélérateur et l'effet multiplicateur sont les deux effets principaux qui, dans les modèles macroéconomiques, lient l'investissement et la consommation.

---

[96] Définition wikipédia

Comme Daniel, si tu sais défendre la cause et transmettre la vision, tu prospéreras, et cela quelles que soient les oppositions.

[97]« *Daniel prospéra sous le règne de Darius, et sous le règne de Cyrus, le Perse* ».

Dans ces temps prophétiques que nous vivons, Dieu a libéré une onction d'accélération et de multiplication pour les visionnaires qui se sont tenus pendants longtemps à la brèche.

Ces derniers sont en train d'entrer dans leurs destinées prophétiques, et personne ne pourra empêcher leur émergence.

Ne soyons pas une génération de neutralistes et d'observateurs.

Ne soyons pas ce que les anglophones appellent « fencists », c'est à dire ceux qui ne sont pas clairs dans leurs positions.

Ils n'acceptent pas totalement une vision, mais ils ne la refusent pas non plus.

---

[97] Daniel 6 : 28 version LSG

Ils ne sont ni pour l'un, ni pour l'autre ; ni pour le bien, ni pour le mal ; ils ne condamnent pas, mais ne soutiennent pas non plus.

[98]« *Je connais tes œuvres. Je sais que tu n'es ni froid ni bouillant. Puisses-tu être froid ou bouillant ! Ainsi, parce que tu es tiède, et que tu n'es ni froid, ni bouillant, je te vomirai de ma bouche. Parce que tu dis : je me suis enrichi, et je n'ai besoin de rien, et parce que tu ne sais pas que tu es malheureux, misérable, pauvre, aveugle et nu, je te conseille d'acheter de moi de l'or éprouvé par le feu, afin que tu deviennes riches, et des vêtements blancs afin que tu sois vêtu et que la honte de ta nudité ne paraisse pas, et un collyre pour oindre tes yeux, afin que tu voies* ».

Est-ce que nous voyons ou nous ne voyons pas ?

A tous mes compatriotes congolais de la diaspora,

A mes frères et sœurs africains,

A mes frères et sœurs occidentaux,

Les discours racistes, xénophobes, tribalistes ... ne nous aideront guère.

---

[98] Apocalypse 3 : 15 – 18 version LSG

L'humanité, toute entière, est entrée dans une phase très difficile de son histoire.

Nous n'avons plus que deux camps : le bien et le mal.

Il n'y a plus de blancs, noirs, jaunes ou rouges.

Soyons les gardiens de nos frères.

Le malheur qui frappe la France, les États-Unis, la R.D. Congo, le Nigéria, le Mali, la Syrie ou le Burundi nous concernent tous.

Si tu préserves la paix et la tranquillité des congolais et que tu as une origine occidentale, Dieu se souviendra de toi, de ta famille, ainsi que de ton pays.

Si tu préserves la paix et la tranquillité des français et que tu es un africain, Dieu se souviendra de toi, de ta famille, ainsi que de ton pays.

Les « Daniel » que Dieu est en train de faire émerger, dans ces temps de la fin, ont des origines diverses, mais ils parlent par un seul esprit : celui de l'amour et de l'unité.

[99]« *Recherchez le bien de la ville où je vous ai menés en captivité, et priez l'Éternel en sa faveur, parce que*

---

[99] Jérémie 29 : 7 – 8 version LSG

votre bonheur dépend du sien. Car ainsi parle l'Éternel des armées, le Dieu d'Israël : Ne vous laissez pas tromper par vos prophètes qui sont au milieu de vous, et par vos devins, n'écoutez pas vos songeurs dont vous provoquez les songes ! »

[100] « Ne te réjouis pas de la chute de ton ennemi, et que ton cœur ne soit pas dans l'allégresse quand il chancelle, de peur que l'Eternel ne le voie, que cela ne lui déplaise, et qu'il ne détourne de lui sa colère ».

[101] « Si j'ai été joyeux du malheur de mon ennemi, Si j'ai sauté d'allégresse quand les revers l'ont atteint, moi qui n'ai pas permis à ma langue de pécher, de demander sa mort avec imprécation ; si les gens de ma tente ne disaient pas: où est celui qui n'a pas été rassasié de sa viande ? Si l'étranger passait la nuit dehors, si je n'ouvrais pas ma porte au voyageur ; si, comme les hommes, j'ai caché mes transgressions, et renfermé mes iniquités dans mon sein, parce que j'avais peur de la multitude, parce que je craignais le mépris des familles, me tenant à l'écart et n'osant franchir ma porte. Oh ! Qui me fera trouver quelqu'un qui m'écoute ? Voilà ma défense toute signée : que le Tout-Puissant me réponde ! Qui me donnera la plainte écrite par mon adversaire? Je porterai son écrit sur mon épaule, je

---

[100] Proverbes 24 : 17 – 18 version LSG

[101] Job 31 : 29 – 40 version LSG

l'attacherai sur mon front comme une couronne ; je lui rendrai compte de tous mes pas, Je m'approcherai de lui comme un prince. Si ma terre crie contre moi, et que ses sillons versent des larmes ; si j'en ai mangé le produit sans l'avoir payée, et que j'aie attristé l'âme de ses anciens maîtres ; qu'il y croisse des épines au lieu de froment, et de l'ivraie au lieu d'orge! Fin des paroles de Job ».

[102]« Ne repais pas ta vue du jour de ton frère, du jour de son malheur, ne te réjouis pas sur les enfants de Juda au jour de leur ruine, et n'ouvre pas une grande bouche au jour de la détresse ! »

Le monde peut traiter certains visionnaires de démagogues ou de populistes, mais la réalité est que certains sont des avant-gardistes, des prophètes.

Mes chers frères et sœurs Africains,

Il est temps de pardonner à nos frères et sœurs occidentaux, américains et autres.

Notre activisme pour les bonnes causes, ne dépasse pas l'activisme de Dieu.

---

[102] Abdias 1:12 version LSG

Rester coincés dans l'offense du passé ne nous fera pas avancer.

Nous devons faire face à ce qui nous attend dans le futur.

Et pour cela, le présent doit servir à mettre en place des stratégies de prévention, de protection et de restauration.

Pour tout le mal causé au peuple africain,
Pour toutes les souffrances endurées,
Pour le mépris,
Pour les complots,
Pour toutes les indignations que nous ne cessons de manifester sur les réseaux sociaux,
Pour l'ignorance et la lâcheté de certains,

Pardonnons !

Les temps qui viennent sur la terre, seront des temps durs.

L'Africain aura besoin de l'Européen et de l'Américain,

L'Européen et l'Américain auront également besoin de l'Africain

Les rôles seront renversés.

Nos frères et sœurs de l'Asie et de l'Océanie, nous ne vous oublions pas

Ceux qui étaient en position de force, ne le seront plus.

Et ceux qui étaient en position de faiblesse, seront surpris par le renversement divin, qui les propulsera en position de force.

[103]« *C'est lui qui change les temps et les circonstances, qui renverse et qui établit les rois, qui donne la sagesse aux sages et la science à ceux qui ont de l'intelligence* »

[104]« *Ne m'est-il pas permis de faire de mon bien ce que je veux ? Ou vois-tu de mauvais œil que je sois bon ? Ainsi les derniers seront les premiers, et les premiers seront les derniers* ».

Nous devons trouver des stratégies qui serviront aux intérêts communs, et cela pour la bonne cause.

---

[103] Daniel 2 : 21 version LSG

[104] Matthieu 20 : 15 – 16 version LSG

Aux nations arrogantes, qui intimident les autres nations, à cause de leur apparente supériorité :

Tout peut vite basculer.

Nous sommes tous égaux devant la mort.

Je vous suggère de changer rapidement votre stratégie géopolitique, de vous débarrasser des lobbies qui facilitent la destruction chez autrui, pour des intérêts égoïstes.

Faites-vous plus d'amis que d'ennemis !

Renversez la tendance, surprenez l'opinion publique !

Les bombes et les kalachnikovs n'ont aucun respect pour la couleur de la peau, elles ne sélectionnent pas le type de passeport que ses victimes détiennent.

[105]« *Je regardai alors, à cause des paroles arrogantes que prononçait la corne; et tandis que je regardais, l'animal fut tué, et son corps fut anéanti, livré au feu pour être brûlé. Les autres animaux furent dépouillés de leur puissance, mais une prolongation de vie leur fut accordée jusqu'à un certain temps.*

---

[105] Daniel 7 : 11 – 14 version LSG

Je regardai pendant mes visions nocturnes, et voici, sur les nuées des cieux arriva quelqu'un de semblable à un fils de l'homme; il s'avança vers l'ancien des jours, et on le fit approcher de lui.

On lui donna la domination, la gloire et le règne; et tous les peuples, les nations, et les hommes de toutes langues le servirent. Sa domination est une domination éternelle qui ne passera point, et son règne ne sera jamais détruit ».

[106]*« Puis il me dit: Je vais t'apprendre, ce qui arrivera au terme de la colère, car il y a un temps marqué pour la fin.*

Le bélier que tu as vu, et qui avait des cornes, ce sont les rois des Mèdes et des Perses.

Le bouc, c'est le roi de Javan, la grande corne entre ses yeux, c'est le premier roi.

Les quatre cornes qui se sont élevées pour remplacer cette corne brisée, ce sont quatre royaumes qui s'élèveront de cette nation, mais qui n'auront pas autant de force.

---

[106] Daniel 8 : 19 – 25 version LSG

À la fin de leur domination, lorsque les pécheurs seront consumés, il s'élèvera un roi impudent et artificieux.

Sa puissance s'accroîtra, mais non par sa propre force; il fera d'incroyables ravages, il réussira dans ses entreprises, il détruira les puissants et le peuple des saints.

À cause de sa prospérité et du succès de ses ruses, il aura de l'arrogance dans le cœur, il fera périr beaucoup d'hommes qui vivaient paisiblement, et il s'élèvera contre le chef des chefs; mais il sera brisé, sans l'effort d'aucune main ».

Le sentiment de haine augmente,
Les discours négatifs sont nombreux,
La révolte est en train de grandir dans les cœurs des populations.

Les gouvernants n'écoutent pas, ils minimisent l'impact des murmures.

C'est à cause de cela, que d'autres *« leaders opportunistes et radicaux»* parviennent à captiver l'attention de ceux qui se plaignent ; ils parviennent à les retourner contre les gouvernements en place, à commanditer des meurtres et des carnages.

[107]« *Quand un pays est en révolte, les chefs sont nombreux; mais avec un homme qui a de l'intelligence et de la science, le règne se prolonge* ».

[108]« *Quand les méchants se multiplient, le péché s'accroît; mais les justes contempleront leur chute* ».

Que les gens veulent l'entendre ou pas, nous sommes entrés dans le temps du jugement divin.

Plus rien ne sera comme avant !

Alea jacta est ![109]

Aujourd'hui, j'ai parlé.
J'ai obéi à Dieu.

C'est à vous autres, visionnaires, leaders, de faire votre part.

Dieu est prêt à épargner et à protéger ceux qui sauront écouter sa voix, ceux qui sauront se lever pour agir.

---

[107] Proverbes 28 : 2 version LSG

[108] Proverbes 29:16 version LSG

[109] Locution latine signifiant « les dés sont jetés ».

[110]« Louez l'Eternel ! Heureux l'homme qui craint l'Eternel, Qui trouve un grand plaisir à ses commandements. Sa postérité sera puissante sur la terre, La génération des hommes droits sera bénie. Il a dans sa maison bien-être et richesse, et sa justice subsiste à jamais. La lumière se lève dans les ténèbres pour les hommes droits, pour celui qui est miséricordieux, compatissant et juste ».

[111]« Les hommes livrés au mal ne comprennent pas ce qui est juste, mais ceux qui cherchent l'Éternel comprennent tout ».

[112]« Plusieurs seront purifiés, blanchis et épurés ; les méchants feront le mal et aucun des méchants ne comprendra, mais ceux qui auront de l'intelligence comprendront ».

---

[110] Psaume 112 : 1 – 4 version LSG

[111] Proverbes 28 : 5 version LSG

[112] Daniel 12 : 10 version LSG

Le chemin s'aplanit pour la cause la plus juste[113].

---

[113] Citation de Claudien

www.ingramcontent.com/pod-product-compliance
Lightning Source LLC
Chambersburg PA
CBHW051803040426
42446CB00007B/496